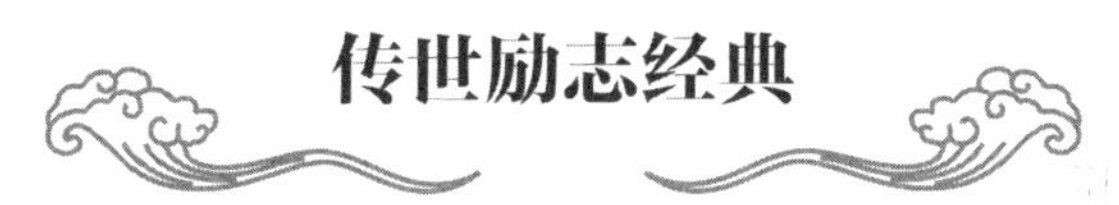

传世励志经典

笔歌墨舞属二王

王羲之、王献之

王蓓蓓 编著

中华工商联合出版社

图书在版编目（CIP）数据

笔歌墨舞属二王：王羲之、王献之 / 王蓓蓓编著
. --北京：中华工商联合出版社，2015. 11（2024.2重印）
ISBN 978-7-5158-1472-8

Ⅰ. ①笔… Ⅱ. ①王… Ⅲ. ①王羲之（303～361）－传记②王献之（344～386）－传记 Ⅳ. ①K825. 72

中国版本图书馆 CIP 数据核字（2015）第 247469 号

笔歌墨舞属二王
——王羲之、王献之

作　　者：王蓓蓓
出 品 人：徐　潜
策划编辑：魏鸿鸣
责任编辑：林　立
封面设计：周　源
责任审读：郭敬梅
责任印制：迈致红
营销总监：曹　庆
营销推广：王　静　万春生
出版发行：中华工商联合出版社有限责任公司
印　　刷：三河市同力彩印有限公司
版　　次：2015 年 12 月第 1 版
印　　次：2024 年 2 月第 4 次印刷
开　　本：710mm×1020mm　1/16
字　　数：150 千字
印　　张：11.75
书　　号：ISBN 978-7-5158-1472-8
定　　价：69.00 元

服务热线：010－58301130
销售热线：010－58302813
地址邮编：北京市西城区西环广场 A 座
19－20 层，100044
http://www.chgslcbs.cn
E-mail：cicap1202@sina.com（营销中心）
E-mail：gslzbs@sina.com（总编室）

序

为了给《传世励志经典》写几句话，我翻阅了手边几种常见的古今中外圣贤大师关于人生的书，大致统计了一下，励志类的比例，确为首屈一指。其实古往今来，所有的成功者，他们的人生和他们所激赏的人生，不外是：有志者，事竟成。

励志是动宾结构的词，励是磨砺，志是志向，放在一起就是磨砺志向。所以说，励志不是简单的立志，是要像把刀放在石头上磨才能锋利一样，这个磨砺，也不是轻而易举地摩擦一下，而是要下力气的，对刀来说，不仅要把自身的锈磨掉，还要把多余的部分都要毫不留情地磨掉，这简直是一场磨难。所有绚丽的人生都是用艰难磨砺成的，砥砺生命放光华。可见，励志至少有三层意思：

一是立志。国人都崇拜的一本书叫《易经》，那里面有一句话说："天行健，君子以自强不息。"这是一种天人合一的理念，它揭示了自然界和人类发展演化的基本规律，所以一切圣贤伟人无不遵循此道。当然，这里还有一个立什么样的志的问题，孔子说："士不可以不弘毅，任重而道远。"古往今来，凡志士仁人立的都是天下家国之志。李白说：大丈夫必有四方之志，白居易有诗曰：丈夫贵兼济，岂独善一身，讲的都是这个道理。

二是励志。有了志向不一定就能成事，《礼记》里说："玉不琢，不成器。"因为从理想到现实还有很大的距离。志向须在现实的困境中反复历练，不断考验才能变得坚韧弘毅，才能一步一个脚印地逐步实现。所以拿破仑说：真正之才智乃刚毅之志向。孟子则把天将降大任于斯人描述得如此艰难困苦。我们看看历代圣贤，从世界三大宗教的创始人耶稣、穆罕默德、释迦牟尼到孔夫子、司马迁、孙中山，直至各行各业的精英，哪一个不是历经磨难终成大业，哪一个不是砥砺生命放射出人生的光芒。

三是守志。无论立志还是励志都不是一朝一夕、一蹴而就的，它贯穿了人的一生，无论生命之火是绚丽还是暗淡，都将到它熄灭的最后一刻。所以真正的有志者，一方面存矢志不渝之德，另一方面有不为穷变节、不为贱易志之气。像孟子说的那样："富贵不能淫，贫贱不能移，威武不能屈。"明代有位首辅大臣叫刘吉，他说过：有志者立长志，无志者常立志，这话是很有道理的。

话说回来，励志并非粘贴在生命上的标签，而是融汇于人生中一点一滴的气蕴，最后成长为人的格调和气质，成就人生的梦想。不管你做哪一行，有志不论年少，无志空活百年。

这套《传世励志经典》共收辑了100部图书，包括传记、文集、选辑。为励志者满足心灵的渴望，有的像心灵鸡汤，营养而鲜美；有的就是萝卜白菜或粗茶淡饭，却是生命之必需。无论直接或间接，先贤们的追求和感悟，一定会给我们带来生命的惊喜。

徐　潜

前　言

梁武帝说他“书字势雄逸，如龙跳天门，虎卧凤阙，故历代宝之，永以为训”，唐太宗道他“心慕手追，此人而已，其余区区之类，何足论哉”！他的《兰亭集序》至今为世人称道，有“天下第一行书”的美誉。他就是“书圣”王羲之。

王羲之博采众长，兼善隶书、草书、楷书及行书，挣脱了汉魏遗风的束缚，自成一家，对后世影响深远。然而他的成就并非是一人之功，也并非是一日之功，是经过恩师指点、贵人提携，以及勤学苦练才达到的。这其中有很多大家耳熟能详的故事，本书中都有介绍，此处就不再一一赘述。

王羲之与妻子郗道茂伉俪情深，育有七子一女，在书法上均颇有造诣，其中小儿子王献之书法造诣最深。王献之自幼聪明好学，跟随父亲练习书法，胸怀大志，别为一体，自创上下相连的草书，穷微入圣，与其父合称为“二王”。

本书旨在将“二王”父子的书法及经历详加介绍，令读者在广闻书法圣人之名下，感受他们严整俊美、含蓄媚俏的笔调和他们万世流传、永不磨灭的吸引力。

目 录

第一篇　名重万世王羲之

第一章　坎坷幼年

第一节　生于乱世

晋太安二年（公元 303 年），王羲之出生于江南一个官宦人家，他是家中的第二个儿子，他的父亲王旷为其取名为羲之。王羲之，字逸少，号澹斋，小字阿菟。他出身于魏晋时期的名门大户琅邪王氏，他幼年的启蒙教育是由其才华出众的叔叔王廙来担任的。

王羲之出生的那个时期如果用一个词来概括，那就是“内忧外患”。

对内，司马氏与曹魏集团以及司马氏集团内部进行权力的争斗，割据混战。

曹魏咸熙二年（公元 265 年）八月，司马昭用尽心机，想要谋夺皇位妄图称帝，就在司马昭准备黄袍加身之时，却驾鹤西去了。司马昭之子司马炎也野心勃勃，继续着父亲未完成的事业。

这年年底，司马炎便逼迫“傀儡皇帝”魏元帝曹奂（曹操的孙子，燕王曹宇之子）退位，改国号为晋，定都洛阳，自封为晋武帝，史称西晋。自此，魏国灭亡，西晋开始了 52 年的统治。晋武帝司马炎登基之初采用一系列政策安抚军民，休养生息，提倡清廉、节俭，减轻赋税，安定民心，巩固大局。

后来，在晋泰始五年（公元 269 年），晋武帝对东吴发动进攻，随后降伏了东吴孙皓的大军，最终，于晋咸宁六年（公元 280 年）结束了中原地区长达 80 年“三足鼎立”的分裂局面。

但是好景不长，晋武帝司马炎很快便忘记了自己当初是如何许诺将士和老百姓的，并没有像保证的那样让他们过安居乐业的日子，而是自己开始了花天酒地，歌舞升平，纵情享乐，甚至荒淫无度，还广纳天下美女为妃，据说宫中的美女曾达到一万余人。上行下效，皇帝如此，文武百官也奢侈腐败成风，甚至草菅人命。致使民不聊生，百姓怨声载道。

另外，西晋统治阶层司马氏同王姓之间为争夺中央权力进行了长达 16 年（公元 291 年—公元 306 年）的混战，史称“八王之乱”。

西晋在短短的 52 年内（若是从公元 280 年降伏东吴，统一全国开始计算，西晋只存在了短短的 37 年），共经历了晋武帝司马炎、晋惠帝司马衷、晋怀帝司马炽、晋愍帝司马邺四个皇帝，就灭亡了。

对外，少数民族相继建立政权。自汉朝以来，就有少数民族不断地向中原地区迁徙，在入主中原的众多少数民族之中，以匈奴、羯、鲜卑、羌及氐为主。他们逐渐在中原地区发展自己的势力，并且日益壮大。

西晋时期，“五胡”已经覆盖了北方、西方地区，对西晋王朝形成了半包围之势。后来，由于晋朝的腐败，在“八王之乱”时期，晋永安元年（公元 304 年）匈奴首领刘渊及氐族首领李雄分别建立汉国（后称前赵）及成汉，其他少数民族也纷纷举兵建立自己的政权。

这一混乱割据的局面直到北魏太延五年（公元 439 年），北魏太武帝拓跋焘灭北凉，统一北方，进入南北朝时期，才告一段落。

第二节　琅邪王氏

西晋王朝虽是漫长历史中的昙花一现，但却起到了承上启下的作用。晋愍帝司马邺死后不久，镇守在江南的琅邪王司马睿便在南北地主的拥护下，重建晋朝政权，史称晋元帝，为避开晋愍帝司马邺的名讳，改都城建邺为建康，史称东晋。

历史上由此进入了东晋十六国时期。

东晋之所以能够得以建立，其根本原因是由于中原沦陷，少数民族相继建立了政权，为争夺最高统治权，兵戈相见。中原地区的世家豪族辗转逃到了南方，为了加强统治阶级的力量，他们需要建立自己的政权体系，用来维护利益，巩固地位。其中，世家大族中的代表势力就是王羲之的家族——琅邪王氏。

魏晋时期，世家大族兴起，那时候的世家大族，不外乎以下几种：有的是世代为官，有的是世代儒门，还有的既是高官，又是名儒。

琅邪王氏就是这样一个既是高官，又是名儒的世家大族。琅邪王氏在当时是一面十分显赫的旗帜，对当时以及后世的影响都令其他的士族叹为观止。琅邪王氏与阳夏谢氏并称为“王谢”，一度成为三国两晋时期世家大族的代称。

羊士谔《忆江南旧游二首》中有这样两句诗："山阴道上桂花初，王谢风流满晋书。"这里的"王谢"就是指琅邪王氏和阳夏谢氏。

著名诗人刘禹锡也曾在《乌衣巷》这首脍炙人口的诗中写道："旧时王谢堂前燕，飞入寻常百姓家。"由此可见，王氏一族在东晋的影响力，可谓是权倾朝野，家门显赫。

王氏一族起源悠久，源远流长，且分支众多，琅邪王氏的源头可以追溯到周代姬姓。

据史料记载："周灵王太子晋以直谏废为庶人，其子敬宗为司徒，时人号曰：'王'家，因以为氏。"周灵王的太子姬晋是东周时期一位颇有才华的王室贵族，他因为政事直谏，被贬为庶民，于是改名为王侨，王侨生有一子，名为宗敬，曾经担任过司徒的职务，当时的人称他们为"王"家，因而就以"王"为姓氏。这便是王氏的来源。

王家的第十八世孙王翦，是秦国的大将。在秦始皇统一六国之初，王翦与他的儿子王贲立下了汗马功劳。秦始皇驾鹤西去之后，秦二世昏庸无道，不理朝政，宦官赵高当政，山东诸强纷纷揭竿而起，一时间，风起云涌，天下一片混乱。王贲的儿子王离便奉命偕同大将章邯前往山东镇压诸强，并曾与项羽交战。不过，弱不抵强，王离最终被项羽俘虏。

其间，王离的两个儿子王威和王元为躲避战乱纷纷出逃，王威在太原落户定居，而王元，也就是王羲之家族的第二十世祖，由咸阳迁至琅邪皋虞城（今山东即墨城），自此王氏便分为了太原王和琅邪王两大支流。

王氏一族人才辈出，著名的"卧冰求鲤"的故事的主人公王祥便是出身于王氏一族。

第三节　政治家族

西晋灭亡之后，便是东晋的建立。王氏一族对于东晋王朝的建立可以说是功不可没：提出南迁的策略保存了实力，为建立东晋做了充足的准备；帮助司马睿提高声望并辅佐他建立了东晋。

王氏一族一共经历过三次迁徙。

第一次迁徙是在秦朝时，王羲之家族的第二十世祖王元为躲避战乱，由咸阳迁至琅邪皋虞城，这是琅邪王氏的开始。

第二次迁徙是王元的玄孙王吉，自皋虞迁往山东临沂都乡南仁里，一直到王羲之时，王氏一族依然住在南仁里。

第三次迁徙便是在晋怀帝永嘉元年（公元 307 年），西晋灭亡之后，在族长王导的率领下，琅邪王氏一族举家南迁。

王羲之经历了家族的第三次迁徙，随家人一起南迁至会稽山阴（今浙江省绍兴市）。关于这一次举族南迁的原因和背景，王羲之当时并不清楚，他是随着年龄的增长，阅历的丰富，才渐渐明白这一举措不仅事关王氏一族的命运，而且竟然还与整个国家的命运紧密相关。

相传，有一天，王导正与王敦闭门分析当时的国家时政，王旷经过门口，看到有人守卫，便问里面是谁，守卫的士兵不知如何回答，王旷就在门口大喊，于是王导、王敦就让他进去，并一同参与了讨论。最终讨论出来的结果是，三位堂兄弟看法一致，都认为晋王朝的天下将要大乱。王旷提议劝说司马睿到南方去创立基业。

这个极富远见卓识的提议，立刻被王导和王敦所认同，后来被司马睿所采纳。于是，最终于永嘉元年（公元 307 年）进行南迁，琅邪王司马睿出镇建邺（今江苏南京），许多士大夫甚至庶民百姓也随之南下，史称“衣冠南渡”。

这次的南渡躲避了北方的战乱，从宏观上看，为晋朝保存了实力，也为以后东晋王朝的建立奠定了基础。从微观上看，在经济方面，也起到了一定的促进作用，南渡为南方地区带来了大量的劳动力和先进的生产技术，而且对于文化的发展也有很大的影响，促进了南北方的文化交流与融合。

在魏晋时期，书法很流行，世家大族中擅长书法者不乏其人，其中王氏一族尤为突出。这次南渡也就促进了书法史上有名的“渡江”。在此之前，由于南北地形的差异，交通不便，再加上政治等方面的原因，所以南北方形成了两大书法派别。

这次的南迁使两大派别的书法得到了融合，促进了中国书法事业的发展，为书法界的后起之秀们的成长与创新提供了一个良好的环境。

南渡之后，王羲之的伯父王导便帮助琅邪王司马睿提高声望，建立政权。早在西晋“八王之乱”之时，王导就和司马睿“素相亲善”，“雅相器重，契同友挚”。

王导深知司马睿之前政绩平平，没有什么作为，再加上司马睿并不是晋武帝司马炎的嫡亲后代，“名论犹轻”，所以更加缺乏影响力和威望。向南迁徙的士强豪族都对他能否担任起抵御外族侵略、光复中原的重大责任缺乏信心。

于是，王导请手握军权的堂兄，也就是当时的扬州刺史王敦共同商量定国安邦的大计，采取种种措施来扩大司马睿的影响，以提高其社会地位，同时也使琅邪王氏的地位得到巩固。

农历三月初三，按照传统习俗，是上巳观禊的日子。

这一天，风和日丽，王敦随司马睿乘肩舆出巡，王导和北方迁来的一些名士骑马随后，队伍浩荡，声势烜赫。此举惊动了建邺城内外，一时之间，这件事成了人们茶余饭后的话题。之前那些对司马睿不屑一顾的人，如江南士族首领纪瞻、顾荣等，见司马睿这般威风，都大为震惊，对其刮目相看。

于是，他们便都“相率拜于道左”，后来，包括贺循在内的许多名士也心甘情愿地归附于司马睿麾下了。

还有一次，北方来的士族首领在长江旁边聚会、饮酒，大家面对滔滔的江水都触景生情，感时伤怀，对中原失守、物是人非，感叹忧伤。

当是，王导抓住时机，慷慨陈词，号召大家全力辅佐司马睿，集中全力，收复中原。他的一席话得到了与会者的赞同。接着，王导又劝琅邪王司马睿“宾礼顾老，存问风俗”，以笼络人心，从此“吴会风靡，百姓归心焉”。

司马睿声名大噪，世家大族和百姓们都很信服他。

由于得到江北南迁的士族大家的支持和江南土著士族的拥护，司马睿做皇帝的时机逐渐成熟。正所谓“万事俱备，只欠东风”。

因此，就在晋愍帝司马邺被俘之后，司马睿在晋朝贵族与江东大族的支持下于公元 317 年称晋王，改元建武，史称东晋。建武二年（公元 318 年）即帝位，为晋元帝。

在东晋王朝建立过程中，王氏一族尤其是王导、王敦等人都起到了至关重要的作用，琅邪王氏在东晋的地位可见一斑。晋元帝司马睿心里也很清楚，自己能够登上皇帝的宝座，琅邪王氏起到了至关重要的作用，当年正是因为采用了王导的计策，才得以收拢人心，收揽人才，也因此奠定了开国的根基。

他对此也十分感激，据史书上记载，司马睿称帝登基之时，竟然拉着王导去“升御床共坐”，就是要王导和他一同坐在龙椅上接受百官群臣的朝拜，但王导“固辞”，坚决不肯接受这样的邀请，司马睿也不好勉强，只好作罢。

司马睿这种做法，真可谓是亘古未有，闻所未闻。由此可见，琅邪王氏对东晋、对司马睿的影响非同一般。登基之后，晋元帝司马睿任命王导为丞相、骠骑将军、封武冈侯、进位侍中，尊称王导为“仲父”，任命王敦为大将军，都督荆、江、扬、湘、交、广六州军事，荆州刺史，坐镇长江中游地区。

这种由王氏兄弟掌握军政大权与司马睿共同治理东晋的局面，在当时就有“王与马，共天下”的说法。

第四节　王羲之父亲王旷之谜

世人一般只知道王谢家族的华丽尊贵，殊不知这一华丽家族也和其他普通家庭一样，有自己的不幸，正所谓“家家有本难念的经”。

在著名史学家司马光的《资治通鉴》中有这样一段记载：“汉主渊以王弥为侍中、都督青、徐、兖、豫、荆、扬六州诸军事、征东大将军、青州牧，与楚王聪共攻壶关，以石勒为前锋都督。刘琨遣护军黄肃、韩述救之，聪败述于西涧，勒败肃于封田，皆杀之。太傅越遣淮南内史王旷、将军施融、曹超将兵拒聪等。旷济河，欲长驱而前，融曰：‘彼乘险间出，我虽有数万之众，犹是一军独受敌也。且当阻水为固以量形势，然后图之。’旷怒曰：‘君欲沮众邪！’融退，曰：‘彼善用兵，旷暗于事势，吾属今必死矣！’旷等逾太行与聪遇，战于长平之间，旷兵大败，融、超皆死。聪遂破屯留、长子，凡斩获万九千级。上党太守庞淳以壶关降汉。刘琨以都尉张倚领上党太守，据襄垣。”

永嘉三年（公元309年），汉主刘渊任命王弥为侍中，与楚王刘聪一起攻打壶关。因古治北有百谷山、壶关南有双龙山，两山夹峙，中间空断，山形似壶，且以壶口为关，因而得名壶关。地处并州（今山西太原），是当时仍然掌握在东晋手中的有限地区之一，依据汉、晋兵力对比而言，晋朝能够守住壶关的可能性不大。

但是掌握朝政的司马越却派兵去救壶关。他放下离壶关较近的兖州、徐州兵马不调，偏偏派当时在淮南的王旷率兵前往支援。可见他的做法是不明智的，或者说是别有用心。同年四月，王旷便率将军施融、曹超，领兵三万渡河，准备长驱直入。

将军施融有作战经验，他劝王旷："我们对于道路状况不熟悉，而且又是孤军深入，恐怕要吃亏。不如退回河南，凭借大河防守，看清形势，然后再作打算。"

王旷不听，反而斥责施融胆怯，阻挡兵马前进。当时并州的刺史就是赫赫有名的大将刘琨，可惜王旷带兵去的时候，并州的绝大部分土地早已落入刘渊之手。

结果，不出施融所料，大军在壶关南面的长平遭遇刘聪的伏兵包围。王旷没有准备，仓促迎敌，结果伤亡惨烈，三万大军覆灭。施融、曹超战死，王旷却从此下落不明。

从那之后，东晋王朝的一切大事件中，王旷这个名字再也没有出现过。第二年，淮南内史已经换成了裴硕。现有的史料之中，除了羊欣的《笔阵图》有一些模糊的记载外，其他的史料既没有确切给出王旷战死的信息，也没有记载王旷或投降，或逃脱的信息。

依理推断，《晋书》只记载了施、曹二将战死，显然是王旷未战死，也未逃回。倘若按照现在的说法也就是失踪了，当时不封赠，以后知道他去世的消息后，也应当会有赠官，而文献资料都只记王旷最后的官职是淮南内史。

《晋书》也不为他立传，似乎是晋元帝司马睿有意隐讳其事，就连王羲之在他辞官归隐之时作的《告誓文》中也未说及此事。王旷的失踪成为一个无人能解的谜团。

王旷的失踪似乎对于整个晋朝没有多大的影响，他失踪后不久王敦、王导便成了晋朝的中流砥柱。王羲之所在的王氏家族，光荣地担任了晋室的“守护神”这一职务。

他的父亲王旷，伯父王敦、王导都是当时政坛叱咤风云的人物，尤其是王旷，他的母亲是东晋开国皇帝司马睿的母亲的亲姐姐，他是司马睿的姨表兄，同时也是当时提议让司马睿移镇江南从而成就帝业的首创之人。

正所谓“时势造英雄”，混乱的时势造就了王旷建立不世功业的机遇，他抓住了机遇，准备在这乱世之中有一番作为。但是，当在你大权独揽时，难免树大招风，招人觊觎。不仅皇室司马氏家族的人要排挤王旷，就连本家族的王敦、王导也嫉妒他的名誉和地位。可见王旷当时也是内外夹攻，里外受气，日子并不好过。

当时的司马睿还尚未称帝，晋室的最高统治者还是晋怀帝司马炽，但是晋怀帝司马炽只是一个没有实权的傀儡皇帝，实际的掌权人为司马越（权臣，八王之乱的参与者）。王旷作为表弟司马睿最信任的人，担任了淮南内史一职，并留在至关重要的地方——扬州郡，力图帮司马睿控制扬州兵权。

但是不幸终于发生，司马越就在晋永嘉三年下令让王旷由淮南提兵三万越过太行山去并州救上党，不知这一切是巧合还是故意安排。总之，不论何种原因，司马睿南渡最得力的助手从此便消失了。

王旷的失踪对于妻子和孩子的打击是不小的。但王家毕竟是一个有势力和影响的大家族，纵使父亲失踪了，孩子也不会过得太差，王羲之后来受到伯父王敦、王导，以及叔父王廙的教导和提携。

虽然王羲之的生活质量并没有下降，但是从此以后，家庭不再完整，心里难免会有一些缺憾。父亲在孩子的人生路上的影响与爱护是其他人所不能替代的。父亲的失踪，对于一个七岁的孩子来说，无疑是一个重大的打击，给王羲之的幼小心灵也蒙上了一层阴影，他的思想和性格也渐渐显得不合群，在堂兄弟之间交流时也不愿提及有关父亲的话题。

《晋书·王羲之传》中多次提到“羲之幼讷于言”，其中有先天的因素，也有父亲失踪对其的后天影响。

第二章　墨香少年

第一节　书法世家

王氏一族可以说是真正的书香门第，书法世家。“书圣”王羲之之所以可以在书法上达到炉火纯青的地步，除了他自身的刻苦勤奋、天赋异禀以外，他所成长的环境和所受到的熏陶也起到了十分重要的作用。

“竹林七贤”之一的王戎，便是出身于琅邪王氏，论起来，王戎是王羲之的堂伯父。《世说新语·雅量》中有这样两则著名的故事。

《世说新语·雅量》原文：

“王戎七岁，尝与诸小儿游。看道边李树多子折枝，诸儿竞走取之，唯戎不动。人问之，答曰：‘树在道边而多子，此必苦李。’取之，信然。”

大意是说：王戎七岁的时候，曾经与小伙伴们一起游玩。看到道路旁边有李树，李子很多压低了树枝，大家都争相跑着去摘取树上的李子，只有王戎站在原地不动。别人问他怎么不动，他回答说：“李树在路边而且果子很多，那么这棵树上的李子一定是苦的。”大家摘取之后，果然是苦的。

“魏明帝于宣武场上断虎爪牙，纵百姓观之。王戎七岁，亦往看。虎承间攀栏而吼，其声震地，观者无不辟易颠仆，戎湛然不动，了无恐色。”

大意是说：魏明帝在宣武场上打断老虎的爪牙，让百姓们前往观看。王戎七岁了，也去观看。老虎抓住栏杆大声吼叫，它的声音震耳欲聋，响彻大地，观看的人被吓得跌倒在地。王戎却一动不动，没有一点惊恐的神色。

由这两则小故事可见，王戎自幼聪颖，在很小的时候便会三思而后行，而且具有临危不惧的胆识，是历史上有名的神童。此外，他在书法上有很高的造诣，时人称其为“所造渊深，一出便在人上”。

王羲之的伯父王导，字茂弘，官至太傅。“工行、草书”，擅长行书和草书。

“晋元、明二帝并攻书，皆推难于导，故当世尤所贵重”，由此可见，王导当时不仅在政治上有威望，在书法上也是颇具影响力，是王羲之叔父辈之中的一个重要人物，占据核心地位，他在东晋建立之初立下了汗马功劳，帮助晋元帝司马睿打下江山，笼络人心，并且辅佐了晋元帝、晋明帝、晋成帝三代君王，德高望重，权倾朝野。

王导的夫人，也就是夏侯夫人，正是王旷夫人的亲妹妹，也就是王羲之的姨母，这么说来，王导既是王羲之的姨夫又是伯父，又经常来往联系，所以关系十分亲密。

王导曾担任过右军的职务，王羲之在青少年时期就很羡慕王导“右军”的这个官衔，不曾想，日后他成为另一个“王右军”，而且其盛名远在伯父王导之上。

南朝的王僧虔曾在《论书》中对王导的书法作出这样的评价：“亦甚有楷法，以师钟、卫，好爱无厌。丧乱狼狈，犹以钟繇《尚书宣示帖》藏衣带中。过江后，在右军处。”

由此也可见，王导在书法上的成就也颇高，他擅长楷书，而且在战乱逃走时，还不忘随身携带钟繇的《尚书宣示帖》。后来，这本《尚书宣示帖》在“右军处”，这里的“右军”指的就是王羲之。

王羲之的伯父王敦也擅长书法。有史料记载，王敦“初以工书得家传之学，其笔势雄健，如对武帝击鼓，振袖扬袍，旁若无人”。这里的“对武帝击鼓”是一个典故。

据《世说新语》中记载，有一次，晋武帝与大臣们正在谈论乐技，只有王敦一人坐在一旁沉默不语。晋武帝便问他会什么乐器才艺，王敦说他只会击鼓。于是，晋武帝叫人把鼓拿过来让王敦演奏，王敦振袖扬袍，鼓声隆隆，像狂风暴雨一般，豪爽大度，铿锵有力，令人甚是叹服。

由此我们可以推断，王敦的书法也得到了家传的书法内涵，雄健有力，气势恢宏，自成一体。

王羲之的父亲王旷也是一位书法英才。他擅长隶书和行书，远近闻名。虽然他常年在外为官，后来又杳无音信，但作为王羲之的父亲，他对于王羲之书法方面的影响还是不能忽略的。

其实对王羲之书法影响最大的，要属他的亲叔父——王廙。他是晋朝时书法界数一数二的人物，后人有“右军之前，唯廙为最”的说法，在王羲之书法成体出名之前，王廙称得上是当时的“书法之最”，可见王廙在书法上的造诣非同一般。

他“工书画、善音乐、射御、博弈、杂伎”，是一个书法家、画家，通晓音律，还擅长射御、博弈、杂技等，多才多艺，颇负盛名。

他主要的成就表现在书法和绘画方面，在张彦选的《论画·叙师资传授南北时代》中评价王廙为江东“书、画第一”。

唐朝张怀瓘的《书断》中也曾评价王廙“工于草、隶、飞白，祖述张（芝）、卫（瓘）……其飞白志气极古，世将书独为最”。其中的“世将”指的便是王廙，由此也可见王廙的书法以及绘画造诣都极高。

此外，他还是一个书画理论家，总结了一套关于书法和绘画的理论，是继汉代的蔡邕之后又一个将书法和绘画融为一体的人。

此外，在王羲之的同辈人之中也是个个不凡。王羲之能够与这些同辈人相互切磋，兼容并蓄，对自己的书法水平提高具有很大的帮助。在王氏一族的子弟中，书法上有所造诣的也不在少数。王羲之的兄长王籍之比王羲之大很多，在王羲之还很小的时候，其兄王籍之已经先后担任过世子友、太子文学、侍中，他在书法上成就也不小，对王羲之的影响也很大。

还有同王羲之一起被阮裕誉为“王氏三少”的王应和王悦，也是书法中的佼佼者。

阮主簿，即阮裕，字思旷，是一位难得的博学多才、豪爽正直、仗义重情的有为青年，被称为“兼有诸人之美”，当时担任王敦的帐下主簿。

阮裕十分推崇王羲之，认为王羲之是后辈之中不可多得的人才，并表态说：“等你长大成人后，我将亲自传授你学业。”王羲之听到这话，立即拱手拜道：“愿早受之，使得成人为暮学。”意思就是说，但愿您早点儿传授给我学业，等到我长大成人以后再传授给我，恐怕到时候已经晚了。

阮裕将王羲之、王应和王悦誉为“王氏三少”，可见王应和王悦在书法上的造诣也是不可小觑的。

王羲之的从弟王治，书法成就也很大，据说他擅长各种书体，尤其擅长隶书和行书。他和王羲之在书法上相互熏陶，相互影响。此外，王羲之的从兄弟王恬也擅长隶书。

王氏一族书法人才辈出，王羲之能够在这样良好的环境中学习书法，这也是他日后能够在书法上取得一定造诣的重要原因之一。

第二节　叔父提携

王廙对于王羲之的提携主要是书法和生活两方面，王羲之曾拜这位叔父为师，不仅学习他的笔法。还通过他学习到前辈张芝、卫凯、索靖等人的笔法。另外在生活上，尤其是在王羲之的父亲王旷失踪之后，王廙在一定程度上取代了王羲之心中父亲的角色，这一点从之后长大成人的王羲之身上不难看出。

在王廙的教育和影响下，侄子王羲之、王彪之，儿子王胡之，从孙王献之，曾孙王裕之（又名王敬弘），玄孙王韶之等都是有名的书法家、画家。

王廙是一位十分有才华的人，可以说是个“全才”。“少能属文，工书画，善音乐、射御、博弈、杂伎”。不仅文章写得好，还擅长音乐、骑射、博弈和杂技，尤其以书法和绘画方面的成就最为显著。王廙善画人物、故事、鸟兽、鱼龙，当时的镇军谢尚在武昌昌乐寺建造东塔，戴若思建造西塔，并请王廙在塔上画画。

在张彦远的《历代名画记》中也曾经提到，王廙曾画《孔子十弟子图》，并付与王羲之并勉励他说：“画乃吾自画，书乃吾自书，吾余事虽不足法，而书、画固可法，欲汝学书则知积学可以致远；学画可以知师弟子行己之道。”意思是说，画画我自己尚且可以画，书法我自己也可以书写的，其他方面都不值得你效法，只有书法和绘画方面尚且值得你效法。当然，这是王廙谦虚的说法。

王廙在书法与绘画上的成就，不仅仅是为后世留下了很多珍贵的墨宝，还开创了自己新的书法、绘画理论境界。

在实践即书法方面，张怀瓘在《书断》中曾提到，王廙“工于草、隶、飞白”，其飞白志气极古。他的书法艺术主要表现为章书、楷书，传承了钟繇的书法精神内涵，尤其擅长草书、隶书、飞白，气概高远古朴。

王廙的主要书法作品有楷书《两表帖》、草书《二月十六日帖》，以及《嫂何如帖》等，全部都刻入《淳化阁帖》之中。绘画方面，他的绘画作品有《异兽图》《列女传仁智图》《狮子图》，著录于《梁太清目》；《吴楚放牧图》《鱼龙相戏图》《村社齐屏风》，著录于《贞观公私画史》；《狮子击象图》《犀凹图》，著录于《历代名画记》。

这些都是王廙给世人留下的珍贵墨宝。在理论上，他强调书画的创造都要“行己之道”，即要推陈出新，开拓创新，不要完全沿袭前人的路子。

王廙所开创的自画、自书的理论，在当时的发展条件和背景下，具有十分重要的意义，推动了书法艺术和绘画艺术齐头并进的发展趋势，促进了二者之间的结合渗透关系，并融合了诗、文，在当时是一种跨界的飞跃，促进了书法艺术的长远发展。

当然，王廙提出的书法和绘画的自我创新理论也有其消极的影响，这就是使一些出身于平民百姓的画家望而生畏，羞于在自己的作品上书写自己的姓名，怕由此受到一些封建士大夫文人的轻视，因而影响到更深层次的基础上的书法、绘画普及。

王廙的书法绘画理论对王羲之产生了深刻影响，王羲之正是受到叔父王廙所强调的张扬个性的本质影响，并且遵循这一自我创新原则，在不断地积累沉淀中，厚积薄发。在广泛学习借鉴前人优秀成果的基础上，努力创新，起到了承前启后、继往开来的作用，将晋朝的书法艺术推到一个新的高度，开创了一代新的书风，成为中国历史上有名的书法大家。

自汉魏以来，楷、行、草三种书体在逐步演变。其演变的方向，是去繁就简，越来越趋向于简单、实用。其演变的途径是民间匠人、官方书佐和达官显要、清流雅士的各自努力，以及他们之间的相互影响，经由高门大族杰出书家的锤炼和升华，从而成为主流。

王羲之在草书方面的建树，并不是旧体的章草，而是新兴的今草。后人肯定的、崇拜的，也正是他增损古法、裁成一体、变古制今的今草。其中，《十七帖》便是王羲之今草书的代表作品。

王羲之书风的转变，以及他在今草方面的造诣是与叔父王廙对他的影响分不开的。王廙生前对于王羲之悉心传教，在去世之后还将自己十分珍爱的索靖的《七月二十六日帖》赠予王羲之。

相传，永嘉年中渡江之时，王廙曾将索靖的《七月二十六日帖》章草书妙品，折成四叠缝缀在衣服中，然后才渡江，可见他对这个真迹的热爱。但在他去世之前，他把这本索靖的《七月二十六日帖》章草真迹送给了王羲之，由此也可见他对王羲之的厚爱与期望。

王羲之日后的成才与这位叔父的悉心教导是分不开的。

第三节　师从卫铄

卫铄，东晋著名女书法家。生于公元 272 年，卒于公元 349 年。河东安邑（今山西夏县）人。卫铄是江州太守李矩的妻子，是历史上著名的卫夫人。

卫铄成为王羲之的书法启蒙老师，既是偶然，也是必然。明代的陶宗仪在《书法会要》卷三中有这样的记载：“旷与卫氏，世为中表，故得蔡邕书法于卫夫人。”由此可见，王旷与卫铄是亲戚，由她来做王羲之的书法启蒙老师，也是顺理成章的事情。

卫夫人家学渊博，在当时就颇负盛名。唐代的张怀瓘在《书断》中有这样的记载：“卫夫人名铄，字茂漪。廷尉展之女弟、恒之从女（应为从妹），汝阴（应为江州）太守李矩之妻也。隶书尤善，规矩钟公。云：碎玉壶之冰，烂瑶台之月，宛然芳树，穆若清风。右军少常师之。永和五年卒，年七十八。子克（应为充）为中书郎，亦工书。”

这一段话，简短地概括了卫夫人的一生，其中“碎玉壶之冰，烂瑶台之月，宛然芳树，穆若清风”十八个字是对卫夫人的高度评价。

卫夫人的祖父卫觊、伯父卫瓘、兄长卫恒，都是历史上著名的书法家。卫夫人生活在这样的书法世家，也自小就受到影响，再加上她天资聪颖，勤学苦练，从而最终成为一个书法高手。

卫铄师承于钟繇，尤其擅长书写楷书。传世之作有楷书八行《淳化阁帖》，书论《笔阵图》，此外还有《名姬帖》《卫氏和南帖》等名篇流传于后世。

《书法要录》中说卫夫人“得笔法于钟繇，熔钟、卫之法于一炉”。

她曾作诗论及草隶书体，又奉命为朝廷写《急就章》。其字形已由钟繇的扁方发展演变为长方形，字体清秀平和，娴雅婉丽，和隶书已经相去甚远，这同时也说明当时的楷书已经成熟而普遍。

宋代的陈思在《书小史》曾引用唐人书评，说卫夫人的书法“如插花舞女，低昂美容；又如美女登台、仙娥弄影，红莲映水、碧沼浮霞”。由此也可以看出其书法的造诣颇高。

后来，卫夫人所嫁的江夏李氏，在当时也是一个书法世家。

卫夫人不但在书法艺术实践上具有突出成就，而且巾帼不让须眉，在书法理论方面也有重大建树和比较全面深入的论述。她撰有《笔阵图》一卷，全面深入地参考了有关的书法理论，并提出自己的独特观点。

王羲之七岁的时候，就开始学习书法。

他第一次去拜见卫夫人时，带了自己写的一幅字，一是想请卫夫人多加指点，二是想让卫夫人知道自己现在的水平。

卫夫人接过这幅字，展开一看，十分惊讶，随后又非常认真地看了王羲之写的字，肯定了王羲之已有的书法水平，并对他说多加练习，假以时日，一定能够取得更大的成就，并表示愿意收王羲之为徒。

王羲之一听，十分高兴，连忙下拜。从此，王羲之便跟随卫夫人学习书法，卫夫人也十分欣赏王羲之，对他认真的学习态度很是满意，对他悉心教导，倾囊相授。而王羲之在跟随卫夫人学习书法的过程中，他不仅收获了恩师卫夫人的教诲，还收获了真挚的友情。

卫夫人的儿子李充和王羲之关系很好，不仅仅有同窗之谊，更有情同手足的深厚感情。

卫夫人很欣赏王羲之的聪明伶俐，不但尽心尽力地教王羲之写字，还经常用历代书法家勤学苦练的故事鼓励王羲之。

有一次，王羲之请教卫夫人如何才能尽快把字练好，卫夫人看到王羲之着急的样子，觉得既可爱，又可笑，便告诫他不要太心急了，并用“张芝临池”的故事勉励他。

相传，东汉的时候，在现在的敦煌酒泉一带，有一个名叫张芝的人，他特别喜欢书法，为了练好字，每天都在自家门前池塘边的小亭子里，蘸着池水研墨练字，从太阳出来，一直练到太阳落山。字写完后，就在池塘里洗刷笔砚，从不间断。

有一次，张芝生病了，他的妻子就劝他今天生病了，就别去练字了，早点儿歇息吧。张芝却坚决地说，这么点儿小事就中断了练字，怎么能练好字成为书法家？后来，经过长年累月，张芝洗出的墨汁把整个池塘都染黑了，他的字也越练越好，写的草书笔势活泼流畅，富于变化，大家都敬称他为“草圣”。

人们还经常用“学书临池，池水尽黑”来称赞张芝刻苦练字的精神。王羲之听了张芝的故事，很受启发，决心自己也像张芝那样刻苦练字。

从此以后，在卫夫人的悉心辅导下，王羲之练字更加努力了。他也像张芝一样，每天练完字，就到自家门前的池塘里洗笔砚。时间一长，原来清澈如镜的池塘，也变成了墨池。

后来，王羲之每搬一处，都要在门前的水池里洗笔砚，据说他留下的墨池比张芝还要多。北宋的著名文学家曾巩，十分钦佩王羲之的勤奋刻苦精神，还特地写了一篇《墨池记》赞颂王羲之。

卫夫人对于王羲之这种勤学苦练的精神很是赞赏和欣慰。卫夫人教王羲之书法，还教导他要知道虚心求教，要知道人外有人，天外有天，千万不可骄傲懒散。

因此，王羲之随后又学习了张芝的草书，钟繇的楷书，可他还觉得不够，决心博览群书，向更多的书法家学习，把别人的长处统统学到手。

后来，王羲之先后到武昌、九江等地做官，每到一地，总会记起卫夫人的教导，要糅合百家之长，得千变万化之神，才能有所创新。看到前人留下的碑文题字，他总要细心地临摹下来，一有空就拿出来看，认真地琢磨体会其中的特点，用心悟出个中道理。

王羲之努力地苦练，他的手腕变得很有劲，运起笔来也十分自如。

关于王羲之与恩师卫夫人的传说故事也有很多。

有一个关于“画鹅点睛”的故事。大家都知道王羲之爱鹅，他还经常画鹅。有一次，王羲之画鹅，什么都画好了，就是总感觉眼睛画得不好。于是，便请恩师卫夫人给鹅点睛。卫夫人接笔便点，谁知，这一点，鹅顿时活灵活现，栩栩如生，竟然扑闪一下飞走了。

还有一则关于“观音老母烙饼”的传说。说有一天，卫夫人将自己化装成观音老母的模样，到集市上去卖饼，她打饼的方式和别人不一样，别具一格。她把案板放在面前，烙鳌放在背后，擀一个饼便从头上往身后一扔，饼恰恰落在烙鳌中，围观的百姓啧啧称赞。过了一会儿，王羲之也路过这个地方，他看到围观的人这么多，很是好奇，于是就前来观看，看到令人兴奋的地方，不禁拍手叫绝。卫夫人一听，原来是学生王羲之的声音，就谦虚地说自己的手艺还不及王羲之写字技艺的十分之一。王羲之一想，这观音老母烙饼的技术确实太高了，自己的字怎么能够和她相比呢？于是便暗暗下决心，自己的字一定要练得像观音老母烙饼一样妙。

王羲之潜心跟随卫夫人苦学习字，后来为了汲取更多书法名家的特点，就告别恩师，综合学习当时名流的特长，集各家技艺于一身，自成一派，最终成为一代书法大家。

第四节　枕中之秘

王羲之小的时候具有敏锐的观察力，有很强的求知欲和好奇心，还特别善于思考。据记载：“晋王羲之，字逸少，旷子也。七岁善书。”

王羲之在 12 岁的时候在父亲王旷的枕中发现了《笔论》一书，这就是所谓的“枕中秘”。

王羲之小的时候便十分好奇为什么父亲常常从书房里拿出一卷看起来十分老旧的书，看得津津有味，十分虔诚专注，还边看边连连称赞，每次看完后还都小心翼翼地把书收好，不放在书架上，也不让其他任何人看。

父亲的这一举动让王羲之困惑不已，也激起了他的好奇心。小孩子一旦对某件事产生了好奇，便会想方设法地解开疑惑，满足自己的好奇心，王羲之也不例外。因此，他下决心要一探究竟。

后来，一次偶然的机会王羲之终于在父亲的枕中发现了一本很旧的书——《笔论》。这本《笔论》是东汉的蔡邕所著。

蔡邕（公元 133 年—公元 192 年），字伯喈，东汉陈留圉（今河南省杞县南）人，官至左中郎将，人称“蔡中郎”。蔡邕精通音律，才华横溢，通晓经史，擅长辞赋等文学艺术，书法上精于篆书、隶书。尤以隶书造诣最深，名望最高，时人有“蔡邕书骨气洞达，爽爽有神力”的评价。他还创造了“飞白”书体，“蔡邕飞白得华艳飘荡之极，字之逸越，不复如此”，对后世影响甚大。

王羲之找到的这本蔡邕的《笔论》是一本传授笔法要诀，进行书法技巧初级教育的书。

《笔论》开篇就提出“书者，散也”的著名论断，论述了书法能够抒发情怀、陶冶情操的艺术本质，以及书法家创作时应有的精神状态。

另外，《笔论》中还提到书法作品应该表现大自然中各种生动、美好的物象，强调书法艺术应讲求形象美，符合客观事物的规律，表现人最自然的心理状态。

王羲之拿到父亲珍藏的书后，也爱不释手，仔细研读，但是他当时并不知道这本书将会给自己带来怎样的影响，直到后来卫夫人将《笔论》中的要诀传授给他，他才慢慢领会其中的内涵。

王羲之按照书中的秘诀去写，去描摹。逐渐地，他开始发现自己平时写字的方式与书中所说的有所不同，便照着书中所说的来纠正自己，果然写的字要比以前好看很多，也因此学习到了书中很多前人的长处。

不知不觉中，王羲之已经迈出了他人生中关键的一步，为以后的书法发展打下了坚实的基础。王羲之在熟读《笔论》的秘诀后，写字果然大有长进，可圈可点，渐渐地在家族中崭露头角，在书法界也小有名气。

第五节 气度不凡

王羲之小的时候虽然不善言辞，讷于表达，但是他性格沉稳，遇事不慌，处变不惊。

《世说新语》中记载了这样一个小故事。

王羲之少年时期，深得伯父王敦的宠爱，常常被带到军营中玩耍，他玩累了之后就在军帐里休息。

王羲之十来岁的时候，有一天，王敦又带他到军营里玩，并且在军帐里留宿。第二天早晨，王敦先起来了，但是看到王羲之还在熟睡，便没忍心叫醒他。王敦出去了片刻，便与另一个人一同悄悄回到军帐中，原来这个人是王敦的心腹钱凤，他们来到军帐中是为了商量谋反叛乱的事情。

王羲之被谈话声惊醒，无意中听到了他们的对话内容，大吃一惊，这可是一个天大的秘密，于是他继续睡觉，假装不知道这件事。谈话快结束时，钱凤突然发现了王羲之在军帐里睡觉，十分震惊也很害怕。他质问王敦怎么能让王羲之睡在这里，并说若是被他听到了你我刚才的对话，传出去我们都要被砍头的。说着，便猛然拔出腰间的匕首，准备刺向王羲之，想要杀人灭口。

王敦虽是个心狠手辣的人，但是他看到王羲之熟睡的样子，而且王羲之毕竟还是自己的侄子，便伸手阻拦道，孩子那么小，还在熟睡，怎么可能听到我们的谈话呢？劝慰钱凤不要过于紧张了。钱凤半信半疑，又仔细观察了王羲之，发现他真的是在睡觉，嘴角的口水都流到了被褥上，便放松了警惕。随后，放心地把匕首放回了腰间。

王羲之正是凭借着自己的聪明才智与临危不惧，逃过了这致命的一劫。这则小故事也可以看出王羲之沉稳处事的性格特点自小便初见端倪了。

中国的文人墨客都有自己的独特喜好，如陶渊明爱菊，周敦颐爱莲，林和靖爱鹤。同样的，“书圣”王羲之也有自己独特的喜好，而且是自从少年时期就形成的不同于其他孩子以玩乐为目的的爱好——爱鹅。

据说，王羲之小的时候练习书法，怎么也练不好，还挨了父亲的训斥。于是，他十分苦闷地跑出去，来到一个湖边伤心哭泣。

这时，他无意中一抬头，看到了湖中有几只挺拔干净的大白鹅。远看，这些大白鹅洁白耀眼，它们游于湖水之中，所游之处慢慢散开一层水纹，波光潋滟，景色如画，好不惬意。近看，这些大白鹅姿态挺拔，婀娜多姿，它们仿佛时而低头细语，时而引颈高歌，优雅高贵，让人沉醉其中。

无论是大白鹅的脖颈，还是它们振翅起飞的样子，都让王羲之想到他练字时的一笔一画。顿时，他好像明白了些什么，兴奋地跑回到家中，拿出纸写了几个字，拿给父亲看，王旷看后很满意，夸他终于开窍了。

从此，王羲之每天都要去看大白鹅，后来，甚至把大白鹅抱回家中养起来。他总是一边练字，一边观察大白鹅的一举一动，他的书法也因此突飞猛进。

王羲之一生都特别喜欢鹅，究其原因，应该有以下两方面。一方面，应该从鹅与书法的关系来论述。清代著名书法家包世臣有一首诗这样写道："全身精力到毫端，定台先将两足安。悟入鹅群行水势，方知五指力起难。"诗中概括了王羲之的书法要领，说的也是王羲之研究鹅行水的姿势，从而悟出了用笔的方法，那就是学书法时要"志意专精"，写字的时候，精神要非常集中，姿势也要端正，这样，五指会运用自如，非常得力。所以，王羲之喜欢鹅，应该是和他研究执笔、运笔有密切关系的。

另一方面，鹅是洁净、高贵、和平、善良、忠诚、勇敢、志向高远的象征，虽然王羲之少年得志，而仕途并不得志，他满腔的抱负并未得到实现，但是他却不肯随波逐流屈从于世俗，最终辞官而去，他之所以喜欢鹅，也正是他追求卓尔不群、超凡独立人格的一种表现。此外，天鹅一生严守一夫一妻制，若一方死亡，另一方则不食不眠，一意殉情，所以，人们常常以天鹅比喻忠贞不渝的爱情，天鹅也被视为忠诚和永恒爱情的象征。

关于王羲之爱鹅的故事流传于世的也有很多。

王羲之生性喜爱鹅，会稽（今绍兴）有一个孤寡的老妇人养了一只鹅，擅长鸣叫，声音清脆，王羲之让仆人跟老妇人商量要求买下她的大白鹅，却没有得到老妇人的应允。但是王羲之实在是喜欢这只大白鹅，于是就带着亲友驾车前去一同观看。

老妇人听说王羲之即将到来，十分欣喜，但是自己一个老妇人在家，家中没有什么可以招待王羲之的食材，于是老妇人就把鹅宰了煮好招待王羲之，王羲之来到老妇人家中，见此情景，是又感动又遗憾，为此叹息了一整天。

又有会稽山阴（今浙江绍兴）地方的一个道士，他想要王羲之给他写一卷《道德经》。他打听到王羲之喜欢白鹅，于是就投其所好，特地养了一批品种上好的白鹅。

王羲之听说道士家有上好的白鹅，真的就跑去观看了。当他走近那道士屋旁，正见到河里有一群鹅在水面上悠闲地浮游着，一身雪白的羽毛，映衬着高高的红顶，实在逗人喜爱。王羲之在河边看得入神，简直舍不得离开，于是就派人去找道士，要求把这群鹅卖给他。

那道士笑着说："既然王公这样喜爱，就用不着破费了，我把这群鹅全部送您好了。不过我有一个要求，就是请您替我写一卷经。"

王羲之毫不犹豫地答应了，于是一气呵成给道士抄写了一卷《道德经》，那群鹅就被王羲之如愿以偿地带回家了。

王羲之从小就表现出不同于常人的气质，他天资聪颖，虚心求教，博采众长，精研体势，推陈出新，创出字势雄强而多变化、妍美的新体，最终能够名扬天下。

第三章　青年才俊

第一节　初露锋芒

王羲之从小就表现出与一般的富家子弟不一样的性格特点和喜好，他十分机敏，才华横溢。《世说新语》和《晋书》中都多处记载，王羲之幼年的时候不善言辞，有"涩讷"之疾，父母为其担心，还曾多处打听求医，但都没有结果。后来王羲之长大以后，"涩讷"之疾竟然慢慢地好了，变得"辩赡"，能言善辩了。

建兴三年（公元 315 年），也就是王羲之 13 岁的时候，伯父王导带着他去拜谒当时的名士周顗。

周顗（公元 269 年—公元 322 年），字伯仁，今河南省汝南县人。曾任荆州刺史，官至尚书左仆射。周顗少时就有贤名，为世人所重。

周顗是一个性情中人，经常邀请三五好友名流集会畅饮。

一个阳光明媚的日子，周府人来人往，华堂满座。周顗正在和几位名流贵客把酒言欢，席间好不热闹。在闲谈间，有一位老先生提到年轻人的前途问题，语重心长地说道：“现在的这些年轻人，尤其是富家子弟，一生下来就拥有荣华富贵，不愁吃穿，一天到晚，只顾玩乐，如果要是论起赏花玩鸟、跑马逗狗，都略通一二，兴致勃勃，但是要是论起才华与德行，就都不行了，没有一样拿得上桌面的。唉，真是不论也罢，论起来真是让人伤心啊，再这样下去，可怎么得了？家族怎么办？社稷怎么办？”

说完，老先生连连摇头，声声叹息。这一话题引起了大家的共鸣，在场的宾客也都议论纷纷。

这时周顗道出了自己的观点：“凡事不能一概而论，我听说有个叫王羲之的少年，虽然年纪尚幼，但是谦虚好学，富有进取心和责任感，具有远大的抱负，而且不看重名利，人品和学问都没得说，尤其是在书法方面，别看他年纪小，不过已经有些名气了。这样的年轻人将来一定会有一番作为的。”

大家听了，都纷纷议论王羲之是谁。这时，仆人上来通报说王导和侄儿王羲之前来拜访。周顗十分高兴，连忙说：“快请，快请!”在座的宾客都十分诧异，不知来客到底是谁。

不一会儿，只见王导与一位羞涩腼腆的少年走进了厅堂。周顗赶紧走上前去，与老友王导寒暄，王导拍着王羲之的肩膀，对周顗引荐说："这就是我跟你提过的，我家侄儿羲之。"客人们都议论纷纷："哦，原来他就是王羲之啊！"

周顗也上下仔细打量了王羲之一番，"察而异之"，一看便觉得这位少年卓尔不群，将来定能成大器，连声说道："不错，不错！后生可畏啊！来人啊，在我的位子旁边再加两副碗筷。"

席间，周顗与王羲之紧挨着，并亲自为王羲之布菜，两个人很愉快地交谈，还不时地发出阵阵笑声，气氛十分融洽，二人也显得非常高兴。

宴会上，仆人们送上了一盘名贵的菜——牛心炙。这在当时是一道非常珍贵的菜，"属洛京名肴"。通常也只有身份尊贵的人才会拿这道菜出来宴请宾客，而且通常是在宴会结束之时作为压轴的菜端出。宋代的虞俦诗说："客来愧乏牛心炙，茶罢空堆马乳盘。"

用牛心炙来招待客人，具有礼仪性质。人们之所以重视这道菜，是因为这道菜是身份的象征，主人通常会让席间地位最尊贵的客人先来品尝，以表示对贵客的尊重与敬意。

这一道菜被端上来之后，大家都纷纷猜想到底谁会有资格先品尝这道菜，便将目光都集中在周顗身上，看他会先把这道菜让谁品尝。这时，周顗拿起刀，慢慢地切割牛心，众宾客都已经想好了回敬的客套话，可是没想到的是，周顗将切割下的一大块牛心炙给了坐在自己身边的腼腆少年——王羲之。

这一举动，引起了全场宾客的哗然，大家不禁交头接耳地议论："小小年纪竟然能有这么大的面子？周顗老先生竟会如此器重他。"王羲之听到这些话，不觉面红耳赤，也觉得自己受之有愧。

周顗也听到了这些议论，他站起来，满脸笑意，不慌不忙地说道："我身边这位便是王丞相和王大将军的侄子，淮南太守王旷的儿子——王羲之，也就是我刚刚在席间提到的那个年轻人。别看他年纪不大，不过在书法上已经小有名气，想必将来一定会不同凡响。今天能够在此与他会面，也是一种缘分，实在是令人高兴啊！"

这时人们才反应过来，原来这位少年不可小觑。

王羲之也因此声名鹊起，初露锋芒。当然，他的成名不仅仅是靠家族的名望与父兄的举荐，更多的是自己的努力与才华，这在当时是非常难能可贵的。周颛也因为王羲之的关系，和王家结下了不解的情意。周颛认为：王导有管仲遗风，而他的侄子王羲之虽年龄尚幼，但却有廉颇、蔺相如的气度。

第二节　家族危机

晋明帝永昌元年（公元 322 年），对于王氏家族来说，注定是不平凡的一年。这一年，王氏一族遭遇了两大难事，一是王敦叛乱，二是王廙去世。

公元 322 年的正月，王羲之的伯父王敦在武昌（今湖北鄂州）发动叛乱，起兵造反。

王敦本身就是一个残忍冷酷、飞扬跋扈、目中无人的狠角色。

相传在洛京（西晋时的洛阳，汉魏故城），石崇宴请宾客，令美女劝酒，并且有一条规定：如果不能劝客人一饮而尽，那么劝酒的美女便会被推出去斩首。

这一天，王敦与王导都在宴会上，王导素来不擅长饮酒，再加上性情温和，所以喝得酩酊大醉。可是王敦故意推辞，三个美女被斩之后，依然面色不改。王导劝他，他却反驳道："自杀伊家人，何预卿事?”意思是说石崇自己杀自己家的美女，与我们何干？宴会之后，王敦去石崇家的厕所方便，呼唤来数十个婢女为他脱衣、换衣、穿衣，依旧神态自若。他走后，连婢女们都在纷纷议论：“此客必能做贼。”

由此也可见，王敦性格城府之深。而且，有这样一个重臣在身边辅佐，晋元帝怎么能安然入眠?

晋元帝时期，王敦功高盖主，遭到晋元帝司马睿的猜忌。王敦与堂弟王导都是东晋的开国元勋，当时仍然是琅邪王的司马睿，在建康镇守时并没有什么威望可言，以至于江南的豪强士族乃至平民百姓都无人理会他。王导与王敦则鞠躬尽瘁，想方设法为他树立威望，积蓄力量，等待时机，最终于公元 317 年，汉赵的刘聪将晋愍帝司马邺杀害之后，在江南的建邺建立起在南方较安定的一个朝廷——东晋王朝。

东晋建立之后，晋元帝司马睿封王导为丞相，主掌政策事务，封王敦为大将军，掌握军事力量，当时的人就曾有“王与马，共天下”的说法，足可见王氏的地位和影响力。本来王导、王敦堂弟兄两人，一内一外，一文一武，辅佐晋元帝司马睿，以稳定这半壁江山的统治。但是，一个家族的权力太大，“功高盖主”，总是帝王所不愿意甚至害怕看到的。

所以，元帝司马睿即位之后，就想方设法地削弱王氏家族的力量，于是便重用琅邪王幕府中的两个旧人，刁协和刘隗，用以制衡王氏势力。

当时，朝中的大臣很少有人熟悉过去的礼仪制度，刁协排除各种困难，在较短的时间内，经过反复修改补充，制定了一整套完备的封建典章礼仪制度。朝廷的各种制度刚刚创立，文武百官对于各种礼仪制度都很陌生，无论什么事都要向他请教。元帝司马睿重用这样一个有才能的人，再加上是自己的心腹，也是理所当然的事情。

刘隗，字大连，彭城（今江苏徐州）人，兼通文史、习于政务，做过彭城内史，也在渡江之后进入琅邪王幕府。刘隗善于探求司马睿的旨意，往往能够在司马睿尚未发话时就揣测出他心中所想，并满足他的愿望，所以司马睿将刘隗视为十分称心得力的助手。

刘隗的另一特点就是为人耿直，不畏权势，先后上书弹劾戴渊、梁龛等人，为淳于伯申冤鸣屈。而且又对司马睿忠心不贰，忠实地执行“以法御下”的方针，坚持排抑豪强，不避权贵的原则，对于任何违反（封建）礼教、不遵法度的行为坚决地予以举劾。对于朝廷重臣琅邪王氏家族，刘隗也丝毫不留情面。

王敦的兄长南中郎将王含曾以族强显贵，骄傲自恣。有一次，王含辟召僚佐和地方守令二十多人，而且多数是自己的佞幸心腹，其才能资格与职位又不相符，不能担当重任。刘隗便提出劾奏，只是因晋元帝鉴于王氏一族的势力，此案才被按下而未审理。但是，刘隗并未因此气馁，依旧上书弹劾。

此外，晋元帝司马睿慢慢因忌惮掌握军事大权的王敦，渐渐地疏远了曾经极力扶持自己的王敦。同时，王敦也觉察到元帝对于自己的有意疏远，所以他为自己积蓄力量，寻找出路。王敦渐见专擅，如自行选置属下州郡官员，自行加任割据险处的何钦为将军，更意图安插亲信任州刺史。这些事都让司马睿感到厌恶，而王敦亦对司马睿的反抗行为大为不快。

同时，受司马睿重用的刘隗亦不喜欢见到王氏家族的一方独大，要求司马睿削弱王敦的势力，并提议以宗室司马承任湘州刺史，出镇湘州。后来王敦写信劝刘隗与他修好，刘隗拒绝了他。

司马睿为防备王敦，于大兴四年（公元 321 年），任命戴渊为司州刺史镇合肥，刘隗为青州刺史镇淮阴，这表面上是要加强北部边防，实际上却是针对王敦而来。

在任命这两人的前两个月，晋元帝司马睿还采用了刁协的建议，下诏将中原南迁百姓在扬州各郡沦落为大族“童客”的人免除其童客身份。所谓童客，就是家奴。免除童客身份，就是让这些人恢复他们平民百姓的地位，这无疑是损害了世家大族的利益，也不免会受到大族的怨恨。

但是，东晋王朝采取这项措施，并不是为童客们着想，而是要把他们从大族手里挖出，用他们来为自己服兵役、劳役。

根据王敦起兵时上疏中的“今便割配，皆充隗军”两句也可以看出，这些人以后都被拨到刘隗部下服兵役去了。

《晋书·戴若思传》（戴渊，字若思，《晋书》因“渊”字犯唐高祖讳，故称字不称名）也说：“调扬州百姓家奴万人为兵配之。”

由此可知，当时好不容易从北方逃出的人，到了江南，不是被逼为奴，就是被迫当兵，不管做什么，都是受苦受难。当然，这些做法都令王敦十分愤怒。

大兴三年（公元 320 年）即元帝与王敦的矛盾表面化之年，东晋在淮北的形势相当不稳定。当时镇守淮北的将领是祖逖，也就是成语“闻鸡起舞”故事的主人公。他对河上各坞堡结以恩信，听任他们脚踏两只船。

坞主们十分感激祖逖，后赵有何行动，他们常过来报信。

石勒对祖逖有所忌惮，特命幽州官府修建祖逖的祖父和父亲的坟墓，并且写信告诉祖逖，借此要求通使和互市。祖逖不给回信，但允许互市。

有个裨将叛投后赵，石勒把他杀死，将首级送交祖逖。祖逖因此也不接纳降人，并令部下不得越境劫掠后赵百姓，边境居民因此稍得休息。

大兴四年（公元 321 年），戴渊等出任刺史的任命，使祖逖很不愉快。他认为他们所辖之地是自己千辛万苦收复的，无缘无故交给别人去管，太不公平。

也就在这一年，祖逖去世，他的兄弟祖约继任豫州刺史。祖约才能远不及祖逖，后赵见有机可乘，于是便率军南侵。

永昌元年（公元 322 年），祖约退屯寿春，以后形势也越来越坏，淮北各军一步步退却，东晋王朝不但不能以一兵一卒支援淮北，还需把淮南的军队调到长江边上去打内战，所以到了太宁三年（公元 325 年），东晋与后赵便把长淮一线作为边界了。

祖逖病逝于大兴四年（公元 321 年），此时王敦以为再无人可以在军事上威胁他。《晋书·祖逖传》中记载：“王敦久怀叛逆，畏逖不敢发，至是（祖逖病逝）始得肆意焉。”

后来，于永昌元年（公元 322 年），王敦最终以讨伐刘隗为名，声称“隗首朝悬，诸军夕退”，举兵叛乱，兵到芜湖，他又上奏表指斥刁协。

晋元帝见到疏表，大怒说：“王敦竟敢犯上作乱，是可忍，孰不可忍！我将亲自率领六军，讨伐叛逆。有能杀王敦者，封五千户侯。”

同时，命令刘隗、戴渊急速率兵回建康城内，抵御王敦的大军。但是，终究未能抵挡住王敦大军。

王敦发动叛变，王氏一族难免会受牵连，在建康城里处境最难的便是丞相王导。他与王敦是堂兄弟，为了表明自己的政治立场，王导每天一早就率领宗族内包括王羲之在内的二十多个年轻人到宫门口请罪，等候发落。史书记载为“旦诣台待罪”。

刘隗到了建康之后，与刁协意见一致，都力劝晋元帝司马睿把王氏全族处死。晋元帝司马睿虽然没有允准，但是究竟应该怎样对待王导，他一时也犹豫不决。

后来晋元帝司马睿听了周顗为王氏一族的辩护陈词才打消了对王导乃至王氏一族的疑虑，于是召王导进宫，表示对他完全信任。三月，晋元帝司马睿发布诏书，称赞王导是能够做到大义灭亲的忠臣，并随即任命他做前锋大都督，命周札守石头城，刘隗守江中蒲洲上的金城。

王敦攻入建康城内后，并没有废黜晋元帝司马睿，但是这个皇帝也只是徒具虚名罢了，朝中的任何事情都由王敦做主，执掌大权。王敦还逼迫晋元帝司马睿给他加官晋爵，于是，他便成为一人之下、万人之上的权臣。

然而，太宁二年（公元 324 年），王敦病重。建康朝廷得到了王敦患重病的消息后。晋明帝司马绍打算讨伐王敦，征求光禄勋应詹的意见，应詹认为可行，明帝司马绍这才下定决心，以王导为大都督，温峤、卞敦、应詹、郗鉴、庾亮、卞壶等大臣都做将军领兵，并调在北面领兵的苏峻、祖约、刘遐等南下保卫京师。

王导更是利用王敦病重的消息，诈称王敦已死，率领其族中子弟进行哀悼。人们信以为真，害怕的心理也就为之一扫而空。朝廷也随即发表诏书，谴责王敦，号召所部归降，一律不加追究。

王敦在病床上看到诏书，大发雷霆，要领兵攻建康，无奈动弹不得，只能使其兄王含做元帅，与钱凤等进兵建康。

七月初，兵到建康秦淮河南岸，温峤因所征外兵还没有到，宿卫兵力薄弱，遂烧毁桥梁，与敌隔水相峙。双方都在等待援军。沈充先率一万余人与王含、钱凤会合。朝廷方面刘遐、苏峻的北军也随后到达。钱凤、沈充攻北军失利。其实，这个时候王敦已经去世多日了。起初，军中的将士还不知道，后来消息泄露了出去，士气大受影响。

七月下旬，王含支持不下去，便烧营撤退。

王敦叛乱事件最终完结了。王含、王应逃到荆州被杀。钱凤被江州太守周光所杀；沈充逃亡到旧将吴儒的家中，被吴儒杀了，首级也被献给了朝廷。朝廷虽然得胜了，但内部虚弱的情况也完全暴露了出来。就全局来看，东晋已大伤元气。就王氏一族来看，已处于风雨飘摇之中。

然而王敦叛乱只是王氏一族在公元 322 年遭遇的一件难事。这一年，王羲之的叔父王廙去世，这对于王羲之来说，是一个不小的打击。

王廙对王羲之的影响很大，不仅仅在书法上，还有在生活上、心理上的帮助与引导。尤其是在王羲之的父亲王旷失踪之后，叔父王廙在一定程度上扮演了王羲之父亲的角色，取代了父亲的指导位置。

王羲之为叔父王廙的离去伤心痛苦，夜夜难眠，生活好像一下子失去了重心，甚至数月都不曾拿起他心爱的笔写字、画画。他不知道自己以后的生活支柱在哪里，不知道自己以后该向何人诉说自己的心事、烦恼，让谁为自己指点迷津。

这对于刚满 20 岁的王羲之来说，是人生路上的一大难关。对于王氏一族来说，也是一大人才的缺失。

这两大灾难降临到王氏一族头上，昔日“王与马”共天下的局面已经不复存在了。

第三节　初入仕途

古代将百姓分为“士农工商”四大类，从排序就可以看出“士”的地位。《论语·子张》还有这样的说法：“仕而优则学，学而优则仕。”

可见，古人崇尚学问，也崇尚出仕做官，为百姓谋福利。尤其是在王氏这样的名门望族，更是提倡积极从政。

按理来说，王羲之出身于豪门贵族，又博学多才，深得达官贵人的青睐，因此，官禄爵位可谓是唾手可得，但是与自己同族中的二十几位堂兄侄弟相比，王羲之的仕途难免坎坷许多。王羲之还未出仕的时候就面对很多压力和困难，主要原因有以下四个方面。

一是由于王羲之的父亲王旷。古代的门第家族观念十分强烈，父亲王旷的失踪在一定程度上对王羲之的仕途产生了影响。当初是王旷首先建议晋元帝司马睿渡江的重要人物，而且他与元帝司马睿具有血缘关系，司马睿的母亲夏侯太妃与王旷的母亲夏侯氏是姐妹。所以，王廙、王旷和王彬兄弟三人是司马睿的姨表弟。

《晋书》中有王廙和王彬的传记，但唯独没有王旷的传记。

渡江之后，公元 309 年，王旷领旨北上驰援，后来就杳无音信，许多文献也自此没有了王旷的记载，他最后的官职是淮南内史。有人推测他战死沙场，也有人推测，王旷战败后，并没有逃回，而是像他的堂兄王衍一样投降于石勒，史书文献上之所以没有相关记载。也许是由于王旷和司马睿的亲戚关系，元帝司马睿故意隐瞒了事实真相，也不许别人提起这件事。

但往往这种没有事实依据的谣言最具有杀伤力，你没有办法解释，也没有证据否认。朝廷以及王导迟迟不让王羲之出仕，也有这方面的考虑，怕难以服众。

二是公元 323 年王敦的叛乱，让朝廷对王氏一族难免有一些不信任，王家的地位也不再稳不可动了，所以就一再耽搁了王羲之出仕做官的时间。

三是王羲之自己对做官不感兴趣，不想那么早出来做官。王羲之淡泊名利，他觉得与其在官场上与人争名夺利，不如自己练练书法，约三五好友游山玩水，来得自在。

四是与当时执掌大权的伯父王导政见不同，不愿与其合作。王导是晋朝不可或缺的人物，他历仕晋元帝、明帝和成帝三朝，是东晋政权的奠基人之一。

王导出身于魏晋名门琅邪王氏，早年就与晋元帝司马睿友善，后建议其移镇建邺，又为司马睿联络南方士族，安抚南渡的北方士族。东晋建立后，拜骠骑大将军、仪同三司，封武冈侯。又进位侍中、司空、假节、录尚书，领中书监。与其从兄王敦一内一外，形成“王与马，共天下”的格局。

永昌元年（公元 322 年），王敦谋反攻入建康。王敦欲废晋元帝而立幼主，因王导不赞同，只得退回武昌。不久，元帝忧惧而崩，王导受遗诏辅立明帝，迁司徒。后王敦病重，王导诈称其兄王敦已死，为其发丧，又派军击败王含，最终平定了此次叛乱。事后，王导进位太保。

太宁三年（公元 325 年），明帝崩，王导与外戚庾亮（司马睿移镇建邺时，器重庾亮，为儿子司马绍聘娶其妹庾文君）共同辅政。庾亮不听王导劝谏，执意征召苏峻。苏峻入朝，辟为大司农，加散骑常侍、位特进，但不久即发生“苏峻之乱”，后叛乱被陶侃、温峤所平定，王导又驳斥了众人欲迁都的念头，稳定了局面。

可以说王导在东晋的政治上具有举足轻重的地位。

但是他晚年辅政期间，晋朝很多官员豪强横行，贪赃枉法，使人民大众生活在水深火热之中，苦不堪言。王导却对此采取宽容饶恕的态度，有时候仅仅惩办下级官员，以此来敷衍了事。于是人们都对此十分不满，将王导的这种治理政策称为“愦愦之政”。“愦愦”，贬义词，糊涂、昏乱的意思，也就是说王导施行的是昏乱的政治。

当时有很多名人志士对王导的这种“愦愦之政”不满，庾亮的弟弟庾翼在给兄长庾冰的信中曾经写道：“大较江东政，以伛舞豪强，以为民蠹，时有行法，辄使之寒劣，如往年偷石头仓米一百万斛，皆是豪将辈，而直打杀仓督监以塞责。山遐作余姚半年，而为官出二千户，政虽不伦，公强官长也，而辟共驱之，不得安席。虽皆为‘前宰’之昏谬，江东事去，实此之由也。”

信中的“前宰”说的就是王导，一时之间“前宰”王导的昏聩成为当时朝野议论的火热话题，而王导本人却不以为然。

《世说新语·政事》中有相关记载：“丞相末年，略不复省事，正封箓诺之。自叹曰：‘人言我愦愦，后人当思此愦愦。’”

当然也有支持赞同王导这种“愦愦之政”的。《晋书·王导传》中洋洋洒洒六千多字，都是溢美之词。

徐广在《历记》中也曾说道：“导阿衡三世，经纶夷险，政务宽恕，事从简易，故垂遗爱之誉也。”

由此可见，也有人对他的“愦愦之政”大加赞赏。不得不说，王导的这种“宽和、宽惠”的“愦愦之政”在建立东晋之初发挥过一定的作用。王导当时“务存大纲，不拘细目”的执政方略，在一定程度上，反映了东晋建立之初对于国家安定的现实需求，但是这种政治方略在东晋后期造成了相当恶劣的后果。

当时王导的“愦愦之政”对贪官污吏总是睁一只眼闭一只眼，对于那些豪强士族也是十分宽容放纵，于是造成了“时王导辅政，主幼时艰，务存大纲，不拘细目，委任赵胤、贾宁等诸将，并不奉法，大臣患之”的局面。

咸康四年（公元 338 年），王导为太傅，后来迁为丞相，郗鉴为太尉，庾亮为司空。陶侃与庾亮都曾想过起兵废黜王导，但都遭到郗鉴的劝阻。

虽然有人推崇王导的这种政治方略，但王羲之对于伯父王导推崇的这种政策所形成的政治时局极为不满，尤其对“仓督监耗盗官米”的罪恶表示极大的愤慨，主张惩办贪官污吏和不称职的官员。

王羲之反对“网漏吞舟”、更反对王导的“愦愦之政”。王羲之“少有美誉”，是王氏一族的骄傲。作为三朝辅政掌有实权的伯父王导，对他有不少赞扬之词，非常器重他。

王导曾多次要他到朝廷担任侍中、吏部尚书等一类要职，但都遭到王羲之推托谢绝：“吾素自无廊庙志，直王丞相时果欲内吾，誓不许之。”

直到太宁三年（公元 325 年），明帝卒，王羲之才出仕从政。《晋书》中提到，王羲之“起家秘书郎”。

此时，五岁的太子衍即位，为晋成帝，庾亮的妹妹庾氏太后临朝听政，王导与庾亮辅佐朝政，王羲之经过母亲与大哥王籍之的劝说，终于踏上了仕途，任职秘书郎。

秘书郎这一官职，从三国时期的魏国开始设置，隶属秘书省，掌管图书经籍，也称为“秘书郎中”。秘书郎的主要任务就是整理和校阅宫内文库的各种书籍。东晋时期，秘书郎、著作郎一般都是士族子弟的出身之官，也就是他们刚刚进入仕途时所担任的职务。

写到这里，就要介绍一下前文已出现过的庾亮，他是东晋一位重要的历史人物，庾亮对王羲之以后的仕途具有一定的影响。

庾亮（公元 289 年—公元 340 年），东晋政治家、文学家，字元规，颍川鄢陵（今河南鄢陵西北）人。是东晋的外戚，晋成帝司马衍的舅舅，庾氏太后的哥哥。他容貌俊美，仪表不凡，平时喜欢读《老子》《庄子》一类的书籍。又擅长清谈，十分讲究礼节。

庾亮 16 岁时，当时北方正处在“八王之乱”的高潮，西晋太傅、东海王司马越召他当佐史，他没有答应。

永嘉年间（公元 307 年—公元 313 年），其父庾琛出仕会稽太守，他也随行到了江南。庾亮深居简出，别人虽然仰慕他，却不敢冒昧造访。

庾氏一族也是名门望族，人才辈出。早在东汉末年，颍川郡鄢陵县县衙有一个门卒，名叫庾乘，长得眉清目秀，而且聪明伶俐，受到当时的名士郭泰的赏识，介绍他入学官，为太学生们搬书。

后来，庾乘经过刻苦自学，竟然能讲经论义。虽然庾乘出身卑微，但是他每每坐在学舍的下座，太学生甚至博士们，都经常找他请教问题，庾乘的名气于是逐渐大起来了，朝廷儿次征辟他做官，他却婉言谢绝，因此被人们称为“征君”。

从此，鄢陵庾氏家族便兴盛发达，名声远扬。庾乘之子庾嶷，在曹魏时期官至太仆。庾乘第三代中的庾峻、庾纯，均出任过西晋时期的尚书、侍中、中书令等显要官职。第四代做官的人更多，渐渐的，庾氏已经成为中原的高门大族。而庾亮是这个门第显赫的家族的第五代。

当时，镇东大将军、琅邪王司马睿渡江南下，驻于建邺，图谋建立相对安定的政权。在王导的辅佐下，他网罗了一大批南北士族担任幕僚。庾亮也就是在这个时候应司马睿之召，入镇东大将军府担任西曹掾。这个举止娴雅、谈吐不俗的青年人博得了司马睿的喜欢，颇受器重。

司马睿听说庾亮的妹妹庾文君尚且待字闺中，于是主动提出与庾氏联姻，为长子司马绍聘定了这门亲事。司马睿称帝后，立长子司马绍为太子，庾亮的妹妹便为太子妃，庾亮官拜中书郎、领著作郎，与太子中庶子温峤在东宫陪侍司马绍读书，从而三人结为布衣之好。后来，庾亮又累迁给事中、黄门侍郎、散骑常侍。

等到太子即位，其妹被封为明帝皇后。

太宁二年（公元 324 年），庾亮参与讨平“王敦之乱”，攻灭吴兴的豪族沈充，为东晋王朝立下了汗马功劳。太宁三年（公元 325 年），受明帝遗诏与王导等朝中重臣一同辅佐成帝，任中书令，执掌朝政。

庾亮历任元帝、明帝、成帝三朝，是朝廷的中流砥柱。但是庾亮并不以外戚的身份偷荣昧进，自奉兼正，他改变前任丞相王导辅政以宽和得众的做法，丝毫不讲情面，均按法规办事，因此不为群臣所理解。“王敦之乱”平定后，司马宗被免去左卫将军，遂心生不满，以司马宗为首的一批大臣形成了与庾亮相对立的一股势力。

咸和元年（公元 326 年）十月，庾亮因御史中丞钟雅弹劾司马宗谋反，便派右卫将军赵胤收捕司马宗。司马宗勒兵反抗但被赵胤击杀。庾亮及后贬司马宗一族为马氏，三个儿子被废为庶人，同时免司马宗其兄司马羕官，贬为弋阳县王；同时亦将与司马宗有合谋的虞胤（虞胤的姐姐虞孟母是司马睿为琅邪王时的王妃。司马睿称帝后，追谥虞孟母为敬皇后）贬为桂阳太守。事后，很多人认为庾亮此举是意图铲除司马氏宗室。

虽然庾亮治风严谨，不易为人所理解接受，但是他不放弃，坚持自己的政治主张，以国事为己任。庾亮担心因为陶侃、祖约等人的怨恨而发生动乱，所以任温峤为江州刺史，以便接应支援。同时，修筑京都建康城郭石头城，巩固防务。另外，庾亮还在平定“苏峻之乱”中付出极大的努力。庾亮死后，吊丧时，成帝驾车亲自前往。下葬时，又赠予永昌公绶印。

王羲之投入了王导的政敌——庾亮的幕中，充当了参军，由此可见绝不是偶然的。是庾亮提携了王羲之，并与王羲之一见如故，成为王羲之仕途中的一个重要人物。

第四节　东床快婿

王羲之刚刚踏入仕途，就迎来了他人生中的另一件大事。

王羲之的伯父王导是位高权重的丞相，王导在朝中的一位好友——郗鉴，也是朝中重臣，王羲之的这件人生大事与郗鉴有着不可分割的关系。

郗鉴，字道徽，高平金乡（今山东金乡）人，是东汉御史大夫郗虑的玄孙。郗鉴不仅为人正直清廉，受百姓爱戴，还是一位伟大的教育家，对子女们呕心沥血，含辛茹苦将他们抚养成人。

元帝司马睿曾任命郗鉴代理龙骧将军、兖州刺史，镇守邹山。郗鉴任职三年，百姓安居乐业，治理成绩显著。后来，朝廷又加封郗鉴为辅国将军、都督兖州地方的军师。

郗鉴有个女儿，年方二八，名叫郗璿，字子房。天生丽质，知书达理，郗鉴爱如掌上明珠。郗鉴一心要为自己的掌上明珠寻觅一桩好亲事。

一转眼，郗璿已经成长为亭亭玉立的少女，待字闺中。年近半百的郗太尉和夫人不禁着急起来。郗太尉像天下所有的父亲一样，希望女儿能有一个好归宿，他知道很多富家子弟都是仗着家中的权势花天酒地、胡作非为，根本配不上自己的宝贝女儿。

郗鉴思来想去，也只有王家子弟中有可塑之才，王氏一族是书法世家，他们的子弟中人才众多，大多在朝为官，在王家中为女儿选择一位夫婿，再合适不过了。打定主意之后，郗鉴就开始寻求时机，有所行动。

一天下了早朝后，郗鉴把自己想要在王家择婿的想法告诉了丞相王导。王导一听笑得合不拢嘴，于是郗鉴就命管家，不日带上厚礼，到王丞相家选婿。

等到郗鉴的管家来了，王导让来客到东厢房里去挑选，因为他把府上的未婚的青年才俊都集中到了那里。管家很快来到东厢房，进屋一看，王家果然是人才济济。

王家的公子个个长得仪表堂堂，穿着得体，有的正襟危坐，有的埋头苦读。这管家一时也分不出哪个好点儿，哪个稍微逊色点儿。也许是太想被选中了，这些候选人都非常拘谨，生怕出了纰漏，屋子里显得寂静紧张。

这时来人突然听到屋内东边的角落里有吧唧吧唧的声音，循声望去，心中不由一惊。这人真是特别，你看他穿着半旧的衣服，连扣子也不扣，在东厢房据床半卧，还微微露出凸起的腹部，旁若无人地在那儿吃着胡饼，吃相自若，从容淡定，而且右手还在衣服上不停地比画着什么，好像选亲这事跟他没有任何关系。

管家见他这般神情，很是好奇，问他话也不搭理。这个人就是王羲之，他当时并不知道，自己无意的这一举动和其他兄弟的矫揉造作形成了鲜明对比，同时也给管家留下了深刻的印象。其他的众位候选人看到王羲之这般邋遢模样，都在暗笑窃喜。

管家回到太尉府，面见郗鉴，将看到的情形一五一十详细地汇报给了主人，其中连有一个人坐在东床上，不理不睬，开怀大吃的事情也说了。

“王氏诸少并佳，然闻信至，咸自矜持。唯一人在东床坦腹食，独若不闻。”王府的年轻公子二十余人，听说郗府觅婿，都争先恐后，唯有东床上有位公子，袒腹卧躺，若无其事。也许管家当时只是觉得这个人的行为举止特别好笑而已，不料他这一席话竟促就了一段姻缘佳话。

郗鉴听后，却连连说：“好，好啊，这正是我要选的佳婿。东床的那位公子，想必应该就是在书法上已经有所成就的王羲之。我听说他为人坦率真诚，胸襟豁达，谦虚谨慎，专心学业，是个不可多得的人才。不错，不错！”

这真是有心栽花花不开，无心插柳柳成荫啊！这郗鉴将军选人的标准真是不同常人。

后来，郗鉴又亲自到王府，得知原来那天坦腹东床的真的就是王羲之。郗鉴见到王羲之豁达文雅，气度不凡，才貌双全，很是中意。古代的婚姻都是“父母之命，媒妁之言”，郗鉴当场就决定将心爱的女儿嫁与王羲之。王府中的其他子弟戏称王羲之是“东床快婿”。

从此，“坦腹东床”就成了女婿的美称，“东床快婿”的故事和经过也成为一段美谈。直到现在，人们对于这段佳话说起来还是不厌其烦，津津乐道。

当时的王羲之在书法上还没有达到登峰造极的地步，政治上也表现平平，郗鉴郗太尉之所以能够在众多的王氏子弟中间选王羲之为婿，除了王羲之在选婿那天与其他同族子弟矫揉造作姿态的鲜明对比之外，更是因为他由此显示出了纯真率直，潇洒坦诚，超凡脱俗的品格特点。

更重要的一点是，王羲之学识渊博，气度不俗，特别是在书法上已经崭露头角，受到人们的好评。而且，王羲之学习书法刻苦勤奋、一丝不苟的精神为世人所赞许推崇。

郗鉴本身在书法上也有一定造诣，他的女儿郗璿，儿子郗愔、郗昙，都在书法上有所成就。

另外，东晋时期，人们的审美意识和标准更多的是崇尚个性自由，特别重视人格和人的价值，讲究潇洒傲岸的风度。因此，素以“骨鲠”著称的王羲之，能够被选中当郗太尉家的女婿也反映了当时的时代风尚。

王羲之与郗璿婚后感情真挚，相敬如宾。郗璿在家中相夫教子，家庭美满幸福，另外她对王羲之的书法也有很大的帮助。在王羲之以后的几十年中，即使在仕途中几度沉浮，只因背后有妻子郗璿的支持与鼓励，所以不曾对生活失去希望和信心。

王羲之与郗璿共生有八个子女，七子：长子王玄之、次子王凝之、三子王涣之、四子王肃之、五子王徽之、六子王操之、七子王献之，一女：王孟姜。

王羲之在致益州刺史周抚的信中曾说：“吾有七儿一女，皆同生。”这句话的意思就是说王羲之的八个孩子都是与郗璿所生。在古代封建统治下，尤其是贵族门第，男人可以有三妻四妾的年代，这么多子女都是一个妻子所生，实属罕见，所以王羲之也以“皆同生”而自豪。

由此可见，王羲之与妻子郗璿伉俪情深，恩爱和睦。

郗璿是历史上有名的高寿老人，活到了九十岁。

有相关记载：“逸少升平五年辛酉岁亡，年五十九。夫人若与右军年相上下，则其九十岁当在太元十七年前后。然王凝之至隆安三年五月始为孙恩所害，夫人上此表时，若凝之犹在，则不应云孤骸独存。夫人为郗愔之姊，愔以太元九年卒，年七十二。夫人盖较愔仅大二三岁，则其九十岁时，正当隆安三四年间，其诸子死亡殆尽，朝廷悯凝之殁于王事，故赐其母以鞠养也。”

郗璿九十岁时上书皇帝，感谢朝廷的鞠养，王羲之的堂侄孙王惠有一次去看望郗璿，问道：“您的眼睛、耳朵还没有坏吧?”郗璿答道：“头发白了，牙齿掉了，这属于身体的事；至于眼睛耳朵，和精神相关，哪能那么快就和人分开呢?”

清代学者余嘉锡则考证郗璿九十岁时大概是在隆安三年（公元399年）或隆安四年（公元400年），她的儿子此时已全部去世，朝廷怜悯王凝之因为孙恩之事而死，故赐予郗璿鞠养敕书，即由国家来供养，可见她很高寿。

第四章　宦海浮沉

第一节　迁官长史

咸和三年（公元328年），晋元帝的小儿子司马昱被封为会稽王，征召王羲之。王羲之于是由秘书郎转为会稽王司马昱的役从，职称是“会稽王友”。

王羲之成为会稽王友之时，会稽王司马昱刚刚 7 岁，对于政治仕途没什么野心，另一方面，也说明王羲之担任会稽王友一职，并没有得到重用，生活也十分清闲自在。而且，会稽王司马昱的所在地隶属于都城，这就相当于他根本没有自己的封地，所以王羲之也依旧在建康，并没有离开都城。

咸和七年（公元 332 年），30 岁的王羲之由会稽王友迁为临川郡（今江西省临川县）太守。这也是王羲之首次离开建康任职。从此，便开始了王羲之仕途上的一番作为，也为王羲之展示自己的政治才能提供了一个舞台。

公元 334 年，王羲之应征西将军庾亮的召请，赴武昌，任参军，迁官长史之后，为他的政治理想与抱负施展提供了一个平台，可以说庾亮是王羲之仕途上的“贵人”。王羲之虽不贪慕功名利禄，但是自从出仕为官之后，心中便立下为天下百姓谋福利的远大志向。

王羲之虽然出身于名门望族，但是心系广大普通百姓，忧国忧民，明白百姓的疾苦。

王羲之曾感慨地对属下说：“连年战乱，最大的受害者莫过于老百姓，他们失去了亲人、财产和他们赖以生存的土地。我们应该体恤他们，减轻他们的负担，减轻各种赋税和徭役，让百姓安居乐业，国力渐渐恢复，这才是我们应该做的事情啊！可是为什么朝廷要压榨这些可怜的老百姓呢？”

王羲之心系天下，希望能够让百姓过上安居富足的日子。

公元 335 年，会稽一带发生罕见的旱灾，周围的地区也受到了一定的影响。天气干旱，庄稼颗粒无收，于是，由此引发了粮荒，百姓也只能以草根、野菜和树皮来勉强充饥。

身为一方父母官的王羲之，见此情景，自己却无能为力，不禁潸然泪下。他几次想要对灾民们伸出援手，试图救济，不惜倾囊相助，但是即使是把自己全部的俸禄都捐献给灾民，对于数量庞大的灾民来说，也是杯水车薪，无济于事，根本解决不了根本问题。当时灾情严重，百姓就要饿死了，在王羲之看来，此事刻不容缓，一刻也不能耽搁。

王羲之认为，只有下令打开城南的那几座大粮库，将里面库存的粮食拿出来，救济百姓了。但是那几座粮库里面的粮食是百姓们要缴给朝廷的赋税，轻易动不得。王羲之权衡再三，觉得如果现在不拿出来救济灾民的话，那他们就会被活活饿死了，作为官员，不能眼睁睁地看到这样的局面发生。

另外，如果就现在这个情况发展下去，年轻体壮的青年逃亡的逃亡，体弱多病的老人和儿童饿死的饿死，以后庄稼将会没有人来耕种，那朝廷上哪儿去征收赋税呢？到时候，别说是这几座大粮仓，恐怕朝廷连一粒米也都征收不到了。

这种做法不是无异于“杀鸡取卵”吗？于是主张先打开粮仓解燃眉之急，以后的事情以后再说吧。王羲之开仓放粮的举动挽救了无数百姓的生命，他也一下子成了受百姓爱戴的好官。

可是，王羲之私自放粮的做法让上级官员很是不满，他们觉得王羲之擅自做主，目中无人，是对他们职权的亵渎和不尊重。于是，他们纷纷检举王羲之，奏请朝廷处置王羲之。朝廷接到检举的公文之后，便派人下来调查这件事。但是，朝廷并没有对王羲之兴师问罪。

之后，王羲之还经常上疏力争，要求朝廷减少赋税，减轻百姓的负担，王羲之的请奏总是会获得批准。这其中也有一个贵人相助，那就是谢安。谢安在王羲之奏请的公文获批的过程中起了不小的作用。

所以，王羲之也十分感谢谢安，在给谢安写的信中，曾经说道，如果没有他的鼎力相助，恐怕自己管辖的地区早已蹈入东海，不复存在了。

《晋书·王羲之传》中也曾有相关记载："然朝廷赋役繁重，吴会尤甚，羲之每上疏争之，事多见从。又遗尚书仆射谢安书曰：'顷所陈论，每蒙允纳，所以令下小得苏息，各安其业。若不耳，此一郡久以蹈东海矣。'"

第二节　亲友病故

王羲之刚在政治上有所起步，他生命中重要的三个人便相继离开了，这对于王羲之来说，不得不说是一件沉重的事情。

咸康五年（公元 339 年），王羲之的伯父王导病逝，终年 64 岁。成帝于朝堂之中举行哀悼三日，遣大鸿胪持节监护丧事，仪式赠物之礼，比照汉代的霍光及安平献王司马孚。下葬时，给九游辒辌车、黄屋左纛、前后羽葆鼓吹、武贲班剑百人，以太牢礼祭祀。中兴名臣之中没有可以同他相比的。

虽然王羲之与王导在政治方略上不太一致，但是王羲之对于这位伯父一向敬重，王导也非常欣赏王羲之的才学和人品，觉得他是东晋不可多得的栋梁之材，假以时日，定能担当大任。于是在临终之前，王导还曾竭力向皇帝奏请，禀明王羲之是一个清廉自持、品格高尚的青年才俊，朝廷应该予以重用。

仅仅相隔一个月，王羲之的岳父大人郗鉴也去世了。成帝派御史持节护丧事，以太牢礼祭祀，追赠太宰，谥号文成。

永昌元年（公元 322 年），郗鉴因后赵逼近的压力退守合肥。同年，被征召为领军将军，到建康后改授尚书，郗鉴因病而不接任。不久，发生"王敦之乱"，元帝权力受禁，后忧愤而死。

元帝驾崩后，由太子司马绍继位，即明帝。明帝即位后因畏惧大权在握的王敦，内外交困，便想以郗鉴为外援。后来，王含、钱凤的叛乱被平定，郗鉴被封为高平侯。后来迁为车骑将军，都督徐、兖、青三州军事，兖州刺史，镇守广陵。

太宁元年（公元323年），明帝任命郗鉴为兖州刺史、都督扬州江西诸军、假节，镇守合肥。王敦对此十分忌惮，于是奏表郗鉴担任尚书令一职，征召他回朝。后来“王敦之乱”结束之后，郗鉴在平乱期间立了大功。

咸康四年（公元338年），郗鉴被封为太尉。在朝中与王导共同执掌朝政，成为社稷重臣。当时，征西将军庾亮想要罢黜王导，并寻求郗鉴的支持，但郗鉴表示反对；庾亮再写信游说郗鉴，但郗鉴拒绝，最终庾亮唯有放弃。郗鉴阻止了朝中主要士族的剧烈斗争，让经历了两次大动乱的东晋能够维持安定。

咸康五年（公元339年），郗鉴病重，将朝中事务交给长史刘遐，上疏请求辞去职位，奏表中除了表明自己恐怕时日无多，还推荐蔡谟为都督、徐州刺史，来接替自己，并推荐自己的侄子郗迈为兖州刺史。

朝廷采纳郗鉴的提议，任命蔡谟为都督，徐州刺史。郗鉴不久病故，时年71岁。成帝于朝晡之时哭于朝堂之上，遣御史持节护理丧事，追赠封赏依照温峤之例。

这一切，对于王羲之来说，都太突然了。一位是自己的伯父，对自己有照顾养育之恩，另一位是将心爱的女儿交与自己的岳父大人。在短短的一个多月的时间内，竟然相继去世，这让王羲之一时间无法接受这个现实，悲痛万分。

可是他没想到，就在第二年，对他有知遇提拔之恩的上司庾亮也离开了人世。咸康六年（公元340年）正月，庾亮病卒，时年 52 岁。朝廷追赠太尉，谥号“文康”。

庾亮在临终前也曾“上疏称羲之清贵有鉴裁”。庾亮死后，他的幕府也随之解散，再加上王导在临终前也曾向朝廷上疏推荐王羲之，所以王羲之便“迁为宁远将军、江州刺史”。

王导、郗鉴和庾亮，这三位东晋大臣的相继离开，不仅对王羲之来说是一场噩耗，对于东晋王朝来说，也是一个不小的打击。在不到两年的时间里，接连失去了三位大臣，这让原本就皇权不振的东晋，变得更加摇摇欲坠。

第三节　卸任归山

王羲之担任江州刺史没多久，便卸任归山了。咸康七年（公元 341 年），39 岁的王羲之卸任江州刺史，并由其堂兄弟王允之接任。

王允之（公元 303 年—公元 342 年），字深猷，东晋琅邪临沂（今山东临沂）人，王会之孙，王舒之子，丞相王导的堂侄，与王羲之是堂兄弟。他也是王氏一族中不可多得的一个人才，在年幼的时候就被其堂伯父王敦认为像自己一样，聪慧机警，因此深受王敦的喜爱，常常跟着王敦出入军营。

“王敦之乱”后，晋明帝打算授官给王允之，但王舒以王允之还年轻不愿仕官为由请求明帝，明帝应允，于是王允之一直跟随父亲王舒。

咸和元年（公元 326 年），也就是“苏峻之乱”爆发的前一年，王导认为苏峻将会被庾亮逼反，于是以王舒出任会稽内史作外援。后来苏峻果然叛乱，并于咸和三年（公元 328 年）攻陷建康。

王舒在当年于会稽举义兵，并以王允之行扬烈将军，领兵讨伐苏峻军。后讨伐义军盟主荆州刺史陶侃表王允之为督护吴郡、义兴、晋陵三郡征讨军事。

咸和四年（公元 329 年），王允之追击败逃的苏峻将领韩晃并大败对方，不久“苏峻之乱”就被平定。

王允之因功封番禺县侯。后王允之任建武将军、钱塘县令，领司盐都尉。咸和九年（公元 334 年），王允之任宣城内史、监扬州江西四郡事，镇于湖。咸康年间升为西中郎将、假节，后又迁任南中郎将、江州刺史。王允之在政期间，颇受百姓爱戴。

咸康八年（公元 342 年），豫州刺史庾怿送酒给王允之意图毒杀他。王允之觉得奇怪，先给一狗喝下，狗不久死去，王允之于是密报晋成帝，晋成帝大怒。事发后次月庾怿自杀。同年王允之向中书监庾冰求解江州刺史，授予堂兄弟王恬，在庾冰的影响下，王允之于当年转拜卫将军、会稽内史。但王允之未上任就逝世，享年 40 岁，谥号为忠。

江州是西晋时设立的一个州，包括今天江西省、浙江省、福建省的部分地区，江州刺史在晋朝时隶属四品官。对于王羲之究竟为何卸任江州刺史，后人说法不一。

一说是王羲之自进入仕途以来，对于亲眼看见的官场种种恶劣行径，想要改变当时局面，为百姓谋福利，是力不从心的。

二说王羲之被视为政治斗争的“眼中钉、肉中刺”，在官场上总是不如意，再加上他自己的志向不在官场，而在山林田园，所以卸任江州刺史，安享田园之乐，也在情理之中。

第四节　习书趣事

虽然自王羲之入官场以后，一路起起伏伏，坎坷多难，但是他在书法上却从未懈怠，一直勤加练习，未曾间断。得意时，书法成为他表达自己喜悦的方式；失意时，书法成为他反思自己、鞭策自己前进的动力。

王羲之练字如痴如醉，甚至达到了废寝忘食的地步。有一次，赶上吃午饭的时间，王羲之在书房里练字，正在兴头上，不肯罢休，妻子喊他吃饭他只是敷衍道：“马上就来！”但还是放不下手中的笔，认真地练字，不动身去吃饭。

妻子看到他这样用功，既欣喜又无奈，只好让书童把饭给他送进书房里。书童送来了他最爱吃的蒜泥和馒头，几次催他吃饭，他仍然专心致志地看帖、写字像没听见一样。饭都凉了，书童没有办法，只好去请郗璿来劝他吃饭。

郗璿来到书房，只见羲之手里正拿着一块沾了墨汁的馒头往嘴里送，弄得满嘴乌黑。看到这情景，郗璿憋不住放声笑了起来。

但是王羲之太专注认真了，根本不知道是怎么回事！看到妻子过来了，还跟妻子说：“今天的蒜泥可真香啊！”妻子打趣他说：“瞎说，你根本就没吃我做的蒜泥，怎么能说我做的蒜泥好吃呢？”

王羲之一脸诧异，他看看馒头，一片乌黑，这才明白原来自己刚刚在吃馒头的时候，聚精会神地看着字，脑子里也在想这个字怎么写才好，结果就错把墨汁当蒜泥吃了。

过去做生意的店家一般是有招牌的，总要给自家的店号起个吉利的名字，如“广源记”、“茂源记”、“康泰记”等。

有一家商店生意不错，扩大了门面，增添了货物品种，招牌也想换个新的。这招牌的好坏，对生意的好坏有着一定的影响。因此，招牌一般是用上好的木板做的。

凑巧，有人找来了一块曾经用来祭神的木板，木板上写满了祭祝的文字。商店老板叫人把木板上的毛笔字洗去，好写上新的内容，哪知擦洗了半天，木板上的毛笔字不仅没有擦掉，反而更清晰了。洗不掉，就刨，木板刨了一层，笔迹依稀可见；木板刨了两层，笔迹还能看见。

人们惊讶了：这是谁写的字，如此深刻有力，一位懂得书法的老先生来了一看，立即惊叹地叫起来。看着他一个劲儿的拍案叫绝，在场的人都很奇怪，纷纷围拢来看。

老先生说："这是大书法家王羲之的笔迹啊！这字如此深刻有力，真是入木三分啊！"后来就演变出成语"入木三分"，用来形容书法极有笔力，遒劲雄健，现多比喻分析问题很深刻。

关于成语"入木三分"，后人流传的还有另外一个典故。

据说，王羲之有一次到一个门生家里去走访，不巧门生外出，所以两人未能见到。此时，王羲之刚好看到门生的书房中有一张桌子，而且台面擦得光滑如镜，洁白如新。书案上放有一砚新墨，于是王羲之书兴大发，信手拿来一支毛笔，蘸了蘸墨，便开始在书案上泼墨挥写，不一会儿，书案上便被王羲之的墨迹铺满了。

写完之后，王羲之看了看，十分满意，然后停笔离开。这时，门生的父亲回到家中，看到书案上墨迹斑斑，大发雷霆。于是赶紧叫人来把书案上的字迹擦去，结果书案上的字迹却怎么也擦不掉，仔细一看，原来字迹已经渗透到书案里面了。

门生的父亲又命人将书案刨去一层，没想到，刨掉了三分，字迹依然清晰可见。门生回到家中之后，问父亲这是怎么回事，父亲将事情的原委告诉了他，他一看是老师王羲之的字迹，后悔不已。

王羲之的书法为何这样深刻有力呢？这与他平常坚持不懈的

锻炼有关。

有一个“戒珠”的故事可以从侧面说明这一点。据说王羲之有一颗心爱的明珠，这颗明珠不光是好玩、好看用来观赏的，王羲之还经常用双手摩挲它，来增强自己书写的腕力。

有一天，明珠忽然不见了，怎么也找不到。王羲之十分懊恼，是谁偷去了呢？经常在他身边的，除了一个寄住在他家的和尚外，再没有其他的外人了。

因此，他对这位和尚冷淡起来，慢慢疏远了他。这位和尚发现王羲之对他有怀疑，就以“坐化”为名，不吃东西，最后竟然饿死了。

后来，家人在宰杀白鹅时，发现明珠在大白鹅的肚子里。原来，是大白鹅把珠子吞下去了。真相大白后，王羲之深感自己错怪了和尚，后悔不已，十分悲痛。为了纪念这位清白的和尚，他将住宅改建成“戒珠寺”，表示以失落明珠的事件为教训，对朋友应以赤诚相待，不能轻易怀疑，使朋友蒙受不白之冤。

这个故事说明我们应该相信朋友，坦诚相待，另外，在一定程度上也说明了王羲之经常锻炼自己的腕力，从而才能写出“入木三分”的字。

王羲之的字写得好，可以说是远近闻名，许多人想求得真迹，王羲之虽不吝啬自己的墨迹，但也不是有求必应，于是大家便想方设法地寻得墨宝。

东晋时期，海门这个地方新修了一个码头，码头修好之后，当地筹资修建的地主、渔霸们很想请一位有名望的书法家题上“海门关”三个字，以装潢门面，招徕生意。于是，地主、渔霸们就叫人抬着整猪整羊，装满了金银财宝的盒子，给王羲之送去当礼物。

王羲之一看来头，就觉得来者不善。得知了地主、渔霸们此行的目的之后，王羲之立刻拒绝了。王羲之是一个不爱虚名、不愿意在旁人面前显耀自己才能的人，于是叫人把礼物统统退了回去。地主、渔霸碰了一鼻子灰，又气又恼，可是又拿王羲之没办法。

这时，一位老财主家里的摇鹅毛扇子的账房先生有了诡计。不久，一位教书先生打扮的人，渐渐地接近王羲之，同王羲之交上了朋友。这位老先生在风景如画的水边建了房屋亭阁，还养了一群大白鹅。布置妥当后，就邀请王羲之来他家做客。

王羲之应邀而来。受到了盛情的招待，老先生同他乘着小船去观赏了月光水色。临走之前，主人还挑了一只大白鹅相送。王羲之很是高兴，可是他觉得没有什么东西可以还礼，很为难。老先生哈哈一笑，说："你毛笔字写得好，就给我写个字吧。我喜欢大海，就写个'海'字吧。"于是王羲之就写了个"海"字。

不久，老先生用同样的办法，请王羲之写了个"门"字。第三次，老先生用同样的办法请王羲之写个"关"字。王羲之一开始并没有觉察到有什么不妥，仍旧是提笔就写。

古时候文字还没有简化。王羲之写的"关"字是繁体字——"门"字里面放个"关"。当王羲之刚写了"门"字的时候，忽然就想起了之前几个地主、渔霸叫他写"海门关"的事，立即警觉起来，笔也随之停住了。他看了看老先生，好像明白了些什么。

这时，由账房先生装扮成的"教书先生"看出王羲之识破了他们的计谋，很怕王羲之把刚才写的"门"字撕了，所以就赶紧夺了过去。就这样，账房先生骗得了"海门关"三个字。但是最后一个"门"字肚里还缺少一个"关"，账房先生只好自己模仿王羲之的笔迹，添了上去。

可是模仿终究是模仿，堂堂“书圣”的笔迹，岂是一个为人役使的账房先生配得上的？所以，人们只要从远一点的地方看“海门关”时，只能看到“海门门”，而那位账房先生添上的“关”却看不到。

由此也可见，王羲之书法艺术笔力雄厚，不是常人所能轻易学到的。

第五章 政治作为

第一节 远见卓识

王羲之不仅有很高的书法造诣，而且具有敏锐的政治眼光，更有独特的政治视角，用“远见卓识”四个字概括他一点儿都不为过。提到王羲之在政治上的远见卓识，不得不提两个人——殷浩和桓温。

殷浩（公元 303 年—公元 356 年），陈郡长平（今河南省西华县东北）人，是东晋时期的一员大将，喜好《老子》与《周易》，善谈玄学理论，颇负盛名，清谈技巧更是胜过其叔父殷融。殷浩精通玄理，才思敏锐，口齿伶俐，众人皆知。

桓温（公元 312 年—公元 373 年），字元子，谯国龙亢（今安徽省怀远县龙亢镇）人。是东晋重要将领及权臣、军事家，谯国桓氏代表人物，宣城内史桓彝长子。他相貌温伟，有奇骨，面有七星，刘惔称之为“眼如紫石棱，须作猬毛磔”。少年时结交名流，与刘惔、殷浩齐名。在桓温的父亲桓彝未曾去世前，桓温也曾有过一段豪杰义气的贵族公子的生活。

有一次，在赌场上他输得身无分文，全仗好友袁耽出手相助，将所输钱财全部赢回，逼得债主懊恼不已，两人则拂袖狂笑而去。当时的桓家家境尚好，才容得桓温年少轻狂放荡一把。将门之后，姿容俊美，此时的桓温正是无忧无虑的年纪，一如大多数贵族公子般，游戏市井中。如果不是后来的变故，桓温极可能像大多数贵族子弟般，依靠父亲提携，在军中担任一官半职，衣食无忧地过完一辈子。

咸和二年（公元 327 年），东晋发生“苏峻之乱”，桓彝被苏峻将领韩晃杀害，泾县县令江播也曾参与此事。桓彝壮烈殉国时，桓温才十五岁，这孤儿寡母，顿时失去了生活的依靠。一次母亲生病要以羊为药引，竟也无力购买，结果把幼弟桓冲典押给卖主，才换得一头羊。

身为长子，桓温责无旁贷地成了这个破碎家庭的支撑，也就是在这个时期，他产生了要奋发图强、出人头地的决心。桓温苦练三年武艺，十八岁时只身闯入江播的灵堂，为父报仇。他拔剑出鞘，一连手刃了江播的三个儿子，然后镇定而去，将惊恐的吊唁者抛在身后。当时，为父报仇并不犯法，反而是一件值得广为称赞的事情，何况江播是曾经参加过叛逆的乱臣贼子。

桓温为父报仇的事情很快传遍了全国，后来，晋成帝亲自接见了他，与之对谈，见他容貌端庄，器宇轩昂，才学过人，大为喜爱，不仅允许他承袭其父的万宁男爵位，还把南康长公主许配给他，招为驸马，列为皇室成员。

咸康元年（公元 335 年），桓温被封为琅邪太守。永和二年（公元 346 年）十一月，桓温出兵伐蜀，当时朝中大臣大多认为他此去必输无疑。然而，桓温一路打到成都，灭了成汉，不仅使之并入东晋，而且赢得了老百姓的极力拥戴。后大捷，凯旋。

公元 347 年，安西将军、荆州刺史桓温灭掉了成汉国，班师回朝之后，一时名声大振，他的威望和势力也逐渐强盛起来，但同时朝廷也十分忌惮他。在这种情况下，需要一个势均力敌的人出来与桓温抗衡。

当时辅政的司马睿幼子司马昱左思右想，认为殷浩是最佳人选，此时的殷浩刚刚受命担任建武将军、扬州刺史一职，而且拥有极高的名声，又受朝野推崇，于是就将其引为心腹，以抗衡桓温。桓温和殷浩也因而生了嫌隙。司马昱对殷浩十分重视，虽然在当时殷浩因其父殷羡逝世而守丧，但司马昱派蔡谟加摄扬州，等待殷浩。丧事完后，殷浩复职，参与处理朝政。

永和四年（公元 348 年），殷浩擢升北长史荀羡为吴国内史，前江州刺史王羲之为护军将军，作为党羽，联合对抗桓温。随后，桓温被加增大将军。

在这种情况下，殷浩与桓温的矛盾日益加剧，因为王羲之是殷浩提拔的，所以桓温自然将王羲之视为殷浩一党。但是王羲之自己并没有故意与人结派为伍，他认为“两虎相斗，必有一伤”，外镇的桓温和朝中的殷浩只有内外协和，国家才能安定。

王羲之曾劝殷浩说：“国家上下必须团结一致，尤其是我们这些为官的一定要同心同德，这样国家才能够富强，百姓才能安乐。而我们的全部防备就只有一条长江而已，用区区一条河流来作为抵御敌人的屏障，实在是没有保障而言。所以我们要是内部再不团结，发生矛盾，那么我看迟早会步前朝的后尘。”

但殷浩只是一个目光短浅的政客，早就被眼前的利益冲昏了头脑，哪里还会想那么多、那么远。听了王羲之一番苦口婆心的劝说之后，他漫不经心地回答道：“嗯，你说得很有道理，我会考虑的。”但是，殷浩并没有将这些话放在心上，只是在敷衍王羲之。

王羲之见殷浩对自己的一番肺腑之言并不在意，更加痛心。王羲之逐渐发现，殷浩只是一心一意地想要打垮桓温，并不想跟桓温合作，共同保卫国家。所以他并没有盲目地附和殷浩，于是竭尽全力做好自己分内的事情。

桓温的军事力量逐渐壮大，这对殷浩的触动很大。

永和八年（公元 352 年），殷浩一时头脑发热，想要一劳永逸地战胜桓温，准备在军事上与桓温一较高低。因为桓温之前曾经北伐，而且胜利归来，所以殷浩也决定要北伐。

他最终决定在这一年北伐前秦，以提高自己的声望。他做了决定之后，兴高采烈地找到王羲之，但遭到了王羲之的反对，但殷浩心意已决，不听王羲之的劝阻，执意北伐。

果然，北伐前秦的结果如王羲之所料，殷浩出师不利，失败了。这时，殷浩不甘心自己的失败，准备再度进行北伐。

王羲之认为这次北伐也必定失败，所以立即致书殷浩表明自己的观点和主张，“尽怀极言”，劝其休养生息，养精蓄锐，尊贤虚己，不要快意于目前，置生民于涂炭之中。

王羲之在信中言辞恳切，先从上次的北伐失利说起：由于一年之内两次北伐，将士疲劳，全朝上下也极力反对，这种情况下，你应该认真地总结失败的经验教训，以免重蹈覆辙。还应该休息整顿，班师回朝，进行集训，重新检讨失利的原因，切实地做出改进，发挥自己的长处，从长计议，以期改弦更张。北伐的出发点应该是巩固东晋的江山大业，而不是自己个人的胜利威望。

在信中，王羲之还分析了“自寇乱以来”的形势和前几次北伐失败的经验教训，提出了自己的主张和见解。

王羲之还从私人的角度，对殷浩动之以情，晓之以理，说明利害关系：如果北伐再次失败，你就会激起民愤，到时候世态变故，那你就成了历史的罪人，无地自容了！

但是这封言真意切的《遗殷浩书》并没有打动殷浩，没有改变他北伐的志向，而是石沉大海，杳无音讯。王羲之见迟迟没有回信，急得团团转。再次出兵，只是增加国家和百姓的负担，而且胜负已经十分明了，二次北伐无异于以卵击石。

于是，王羲之决定一定要阻止殷浩再次出兵北伐。他在屋里踱来踱去，觉得再向殷浩写信，直接劝说他不让他出兵，成功的可能性不大，于是就打算找一个有头脑、有权威、对世事有一定分析能力的人物来劝说殷浩的愚蠢行动。

于是，王羲之就写信给当时朝廷之中具有一定影响力的会稽王司马昱，请他出面来制止这场祸国殃民的战争。这也就是所谓的《与会稽王笺》。

《与会稽王笺》析理透彻，针砭时弊，但是会稽王司马昱却将王羲之的建议放置一旁，置之不理，对于这劳民伤财的北伐行动不加以阻止。

于是，于永和九年（公元 353 年），殷浩发动了第二次北伐战争，结果在山桑（今安徽省蒙城北）一败涂地，伤亡惨重，损兵折将，元气大伤，阵亡和被俘的士兵达到一万余人。

事后，司马昱知道战争结果后，后悔不已，感慨地说：“都说王彪之（王彬之子，王导的堂侄）是一个不可多得的人才，其实王羲之才是真正有远见卓识的人才啊！”

殷浩二次北伐再次失利，落给桓温以口实，桓温便趁此机会，上疏列举了殷浩的罪状。正所谓“墙倒众人推”，殷浩以前的一些政敌也都纷纷站出来以各种理由证明自己当初是如何不赞成盲目北伐，开始攻击、弹劾殷浩。

当朝宰辅司马昱虽然心中有些偏袒殷浩，但是桓温大权在握，而且殷浩平时狂妄自大，树敌较多，所以司马昱也没有办法救他。殷浩就这样被解除了一切职务，贬为庶人，不得不告老还乡，回到家中整天书写“咄咄之事”。

殷浩丢了官，他手下人的日子也不好过，王羲之既是殷浩的下属，又是殷浩一手提拔上来的，自然受到了牵连。人们此时却忘了当初王羲之是如何反对和制止殷浩北伐的了。而殷浩空缺出来的扬州刺史一职便由守母丧期满的王述接替担任。

王羲之对于祖逖的北伐和庾翼的北伐是持赞成态度的。

祖逖是第一个发动北伐战争的人，他是中原地区沦陷之后移居到京口的一位将领，当时以王导为首的统治集团不敢对祖逖北伐提出异议。虽然王导在东晋还未建立之时，曾经慷慨陈词说“当共戮力王室，克复神州”，但是这只是一种笼络人心的策略罢了，他们并没有北伐收复失地的决心和勇气。

建兴元年（公元 313 年），晋愍帝即位，以司马睿为侍中、左丞相、大都督陕东诸军事，命祖逖率兵赴洛阳勤王。司马睿当时致力于确保江南一隅不失，根本无意北伐。

祖逖进言道：“晋室之乱，非上无道而下怨叛也。由藩王争权，自相诛灭，遂使戎狄乘隙，毒流中原。今遗黎既被残酷，人有奋击之志。大王诚能发威命将，使若逖等为之统主，则郡国豪杰必因风向赴，沉弱之士欣于来苏，庶几国耻可雪，愿大王图之。”司马睿于是封祖逖为奋威将军、豫州刺史，并象征性地拨调千人粮饷、三千匹布帛以充军费，更由其自募战士，自造兵器。

祖逖率部下百余人毅然从京口渡江北上。行至江心，祖逖眼望茫茫大江，敲击着船楫立誓：“祖逖不能清中原而复济者，有如大江!”辞色壮烈，众皆慨叹。这也表明了祖逖不成功便成仁的决心。渡过长江后，祖逖暂驻淮阴，起炉冶铁，铸造兵器，同时又招募到二千多士兵，后来收复了黄河以南的大部分失地。

但后来晋元帝担心祖逖势力太大，功高盖主，于是派征西将军戴渊总领北方六州军事，阻止祖逖继续进行北伐活动。此时祖逖也感到深受制约，缺乏有力的支援，北伐无望成功，最终忧愤而死。虽然这次北伐没有取得最后的胜利，但是王羲之看到了这次北伐将领与士兵的决心，所以十分支持这次北伐行动。

东晋建元元年（公元 343 年）七月，具有经纶大略之才的军事将领庾翼有北伐的大志，以平灭成汉和后赵为己任，准备发动北伐战争，而且派遣使者联络前燕和前凉预备一起出兵北伐。同时，庾翼想移镇襄阳，但怕朝廷不许，于是上表称移镇安陆。但康帝和朝中大臣多数人阻止，庾翼都不听。庾翼违诏北行到夏口后再度上表，求镇襄阳。朝廷最终加庾翼都督征讨诸军事，后更进庾翼为征西将军，领南蛮校尉。

实际上，东晋的士族豪强和大多数朝臣也偏安江左，不肯冒“累卵”之险，害怕失去自己的安乐窝，所以极力反对这次北伐战争。但是王羲之却持有不同的意见，他在认真分析了当时的形势之后，认为“伏想朝廷清和，稚恭遂进镇，东西并举，想克定有期”。

王羲之还书写了《稚恭进镇帖》，赞赏庾翼（稚恭是庾翼的字）北伐的主张。

王羲之赞赏支持庾翼北伐原因有二：一方面是基于对庾翼本人的了解，庾翼“戎政严明，经略深远，数年之中，公私充实，人情翕然，称其才干。由是自河以南，皆还归附”。而且庾翼早就有复兴的壮志，对北伐也做了充分的准备。

另一方面，北方的石虎继位，但是他暴虐成性，随意残害百姓。据史书记载："猎车千乘，养兽万里，夺人妻女，十万盈宫。"北方的统治集团内部争权夺利，矛盾一触即发。基于这两种原因，王羲之决定支持庾翼的北伐战争。

王羲之对几次北伐战争都审时度势，根据实际情况，提出自己的主张。王羲之早就有收复中原之志，之所以反对殷浩北伐是殷浩动机不良，而且各方面条件不具备。在重大问题面前不凭一时感情冲动做出决策，才不愧为有远见卓识的政治家。

王羲之"清贵有鉴裁"，对北伐的胜负看得很准，他是经过一番仔细的调查分析，才得出的结论。他认为北伐战争"必宜审量彼我，万全而后动"。所谓审量彼我，是一种军事策略，这句话与"知己知彼，百战不殆"的军事思想具有异曲同工之妙。

"审量彼我"就是要审慎地观察状况，对彼此要有精确的量的分析，当然，这里的"量"还有权衡之意，只有这样，多方面了解对手，比较自己与对方的差距，才能有更大的把握取得胜利。而当时的情况是"今外不宁，内忧已深"，北方中原地带在外族的统治之下，军事力量不可低估，他们无时无刻不想着侵犯江南。

"内忧已深"说明内部矛盾十分尖锐，问题很多，大有积重难返、病入膏肓之势，军败于外，资竭于内，大臣们担负内外的重任竟无一功可论、一事可记，更谈不上深谋远虑。而国君对忠言嘉谋弃之不用，朝廷里争权夺利，桓温与殷浩视为死敌，严重不和，互相牵制。

桓温想独揽军政大权，谋取皇位；殷浩想借北伐取胜树立自己的权威，但他刚愎自用，缺乏军事才能，不善用兵，第一次北伐损失惨重，"遗黎歼尽，万不余一"，元气尚未恢复，又再度举兵北伐。东晋是进攻的一方，“千里馈粮，自古为难，况今转运供继，西输许洛，北入黄河”。

所有的这些都是很重要的不利因素。而且北方领土辽阔，进退有很大的余地，相比之下，东晋所占地域就比较狭小，“以区区吴越经纬天下十分之九，不亡何待”。在“内忧已深”的情况下，想诉诸武力，解决“外不宁”是很难实现的。

据此，王羲之认为只能采取权宜之计：“暂废虚远之怀，以救倒悬之急。”他提出“保江”（又称为“保淮”）的战略计划：以江淮流域为根据地，把徐州、商丘的兵力拉回来，这样可集聚在安徽合肥、焦郡，江苏广陵、河南许昌的力量，等待时机发动进攻。王羲之对北伐后果一语中的的分析预测显示了他的正确思想。

南宋洪迈在《容斋随笔》中列举了王羲之对北伐的真知灼见后，不胜感慨地说：“其识虑精深，如是其至，恨不见于用耳。而为书名所盖，后世但以翰墨称之，则一艺之工，为累大矣。”

第二节　清谈误国

建元二年（公元 344 年），王羲之的第七个儿子王献之出生。这对王羲之来说，是上天赐给他的一个惊喜，对于整个书法界来说，又是一颗新星冉冉升起了。

永和二年（公元 346 年），会稽王司马昱辅政。在这一年，王羲之和谢安同登冶城，而且有过一段非常著名的谈话。

谢安比王羲之小十六七岁，谢安的哥哥谢奕的女儿，也就是著名的才女谢道韫，嫁与了王羲之的儿子王凝之为妻。谢安和王羲之两人可以说既是朋友，又是亲家，关系非同一般。

据记载，王右军郗夫人谓二弟司空、中郎曰：“王家见二谢，倾筐倒庋；见汝辈来，平平尔。汝可无烦复往。”虽说这是郗夫人说的玩笑话，但是也可以看出王家与谢家关系十分要好。

谢安（公元320年—公元385年），字安石，号东山，又称太傅、谢太傅、谢相、仆射、谢公、文靖，是东晋著名的政治家、军事家，陈郡阳夏（今河南太康）人，大名士谢尚的从弟。历任吴兴太守、侍中兼吏部尚书兼中护军、尚书仆射兼领吏部加后将军、扬州刺史兼中书监兼录尚书事、都督五州、幽州之燕国诸军事兼假节、太保兼都督十五州军事兼卫将军等职务，死后被追封为太傅兼庐陵郡公。

谢安多才多艺，善行书，通音乐，对儒、佛、玄学均有较高的素养。他性格温文尔雅，治国以儒、道互补；作为高门士族，能顾全大局，以谢氏家族利益服从于晋室王朝的利益，这与王敦、桓温之徒形成了鲜明对照。他性情娴雅温和，处事公允明断，不专权树私，也不居功自傲，有效调和了东晋的内部矛盾，具有宰相气度、儒将风范，所以当时有“风流宰相，唯谢安尔”的说法。

谢安出身于名门世家——陈郡谢氏家族，谢氏家族源远流长，绵延了近三百年。谢家上可以追溯到谢安的祖父谢衡——曾经是东汉时期的一位大儒，下则可以追溯到谢安的九世孙谢贞。谢安在家里的兄弟中排行老三，他还有两个哥哥：大哥谢奕和二哥谢据。

谢安自幼聪颖，比他的兄长们都有名气。谢安从小受家庭的影响，在德行、学问、风度等方面都有良好的修养，他沉稳俊秀，风流倜傥，见识卓远，具有胆略。

四岁时，谯郡的名士桓彝，也就是桓温的父亲见到他，对他大加赞赏，说：“此儿风神秀彻，后当不减王东海。”其中的“王东海”指的就是东晋初年名士王承。另外，当时的宰相王导也很器重谢安。青少年时代的谢安就已在上层社会中享有较高的声誉，然而谢安并不像其他富家子弟一样，他并不想凭借出身、名望去获取高官厚禄。

东晋朝廷先是征召他入司徒府，接着又任命他为佐著作郎，但是都被谢安以身体有恙为借口推辞了。后来，拒绝应召的谢安干脆隐居到会稽的东山，与王羲之、许询、支道林等名士名僧频繁交游，出则渔弋于山水之间，入则与三五好友吟咏属文，在大自然中追求本真。

当时扬州刺史庾冰仰慕谢安的名声，几次三番地命郡县官吏催促，谢安不得已，勉强赴召。但是仅隔一个多月，他又辞职回到了会稽。后来，朝廷又曾多次征召，谢安仍然予以回绝。由此激起了不少大臣的不满，接连上疏指责谢安，朝廷因此作出了对谢安禁锢终身的决定，经皇帝下诏才赦免。然而谢安却不屑一顾，泰然处之。

谢安也是一位当时有远见卓识的政治家、军事家。他初与权臣周旋时，从不卑躬屈膝，不违背自己的原则，拒权臣而扶社稷；他自己当政时，又处处以大局为重，不拉帮结派，结党营私。另外，历史上著名的以少胜多的战役——淝水之战，就是由谢安指挥的。

太元八年（公元 383 年），前秦的苻坚率领号称百万的大军南下，志在吞灭东晋，统一天下。当时前秦的兵力比东晋大十倍，军情危急，建康一片震恐，可是谢安依旧镇定自若，以征讨大都督的身份负责军事，并派了六弟谢石、侄子谢玄、次子谢琰和将军桓伊等人率兵八万前去抵御。

谢玄手下的北府兵虽然勇猛，但是双方军事力量毕竟相差悬殊，谢玄心里多少有点紧张。出发之前，谢玄特地到谢安家去告别，请示一下这个仗怎么个打法，有没有战略战术。哪儿知道谢安听了像没事一样，轻描淡写地回答说："你放心去吧，我已经有安排了。"谢玄心里想，谢安也许还会嘱咐些什么话。等了老半天，谢安还是不开腔。谢玄回到家里，心里总不大踏实。

隔了一天，又请他的朋友张玄去看谢安，托他向谢安探问一下。张玄也是当时名士，是一个有真才实学的人。

谢安一见到张玄，也不跟他谈什么军事，马上邀请他到山里一座庭院去。到了那里，还有许多名士已经先到了。张玄想询问谢安对于战事的看法，但是也没有机会。谢安请张玄陪他一起下围棋，还跟张玄开玩笑，说要拿这座庭院做赌注，如果自己输了，就将这庭院赠予他。

张玄擅长下棋，棋艺高超，平常跟谢安下棋，他总是赢的。但是，这一天，张玄根本没心思下棋，勉强应付，当然输了。下完了棋，谢安又请大伙儿一起赏玩山景，整整游玩了一天，到天黑才回家。

这天晚上，谢安才把谢石、谢玄等将领，召集到自己家里，把每个人的任务一件件、一桩桩交代得很清楚。大家看到谢安这样镇定自若，也增强了信心，高高兴兴地回到军营去了。

那时候，桓温的弟弟桓冲在荆州听到形势危急，专门拨出三千名精兵到建康来保卫。谢安对派来的将士说："我这儿已经安排好了，不用担心。你们还是回去加强西面的防守吧!"将士们回到荆州告诉桓冲，桓冲很是担忧。他对将士说："谢公的气度确实叫人钦佩，但是不懂得打仗。眼看敌人就要到了，他还那样悠闲自在，咱们的兵力那么少，又派一些没经验的年轻人去指挥。我看这回我们准要遭难了。"

太元八年（公元 383 年）五月，桓冲统领十万大军荆州防秦，以牵制秦军，减轻对下游的压力，苻坚派苻睿、慕容垂、姚苌和慕容玮等人迎战，自己则亲自率步兵六十万，骑兵二十七万，以弟苻融为先锋，于八月大举南侵。谢安临危受命，以谢石为前线大都督，谢玄为先锋，并谢琰、桓伊等人，领八万兵马，分三路迎击秦军。

十一月，谢玄遣参军刘牢之以五千精兵奇袭，取得洛涧大捷。

十二月，双方决战淝水，谢玄、谢琰和桓伊率领晋军七万战胜了苻坚和苻融所统率的前秦十五万大军，并阵斩苻融。淝水之战以晋军的全面胜利告终。

当晋军在淝水之战中大败前秦的捷报送到时，谢安正在与客人下棋。他看完捷报，便放在座位旁，不动声色地继续下棋。客人憋不住问他，谢安淡淡地说："没什么，孩子们已经打败敌人了。"直到下完了棋，客人告辞以后，谢安才抑制不住心头的喜悦，舞跃入室，把木屐底上的屐齿都碰断了。

淝水之战的胜利，使谢安的声望达到了顶点。这场战争不仅使国家转危为安，而且提高了东晋的声威，留下了"八公山上，草木皆兵"的佳话。谢安以总领诸军之功，进拜太保。

谢安还是一位出色的教育家。谢安在东山时，兄弟的子女都归他教养。他善于教育子弟，往往以身作则，潜移默化。其中以谢道韫、谢玄兄妹最为出色，也最受谢安喜爱。

《世说新语·德行第一》中有这样一段：谢公夫人教儿，问太傅："那得初不见君教儿？"答曰："我常自教儿。"意思就是说，谢安夫人教育孩子时，有一次问谢安："怎么从来没见到你教育孩子？"谢公回答道："我总是用我的言行来教育孩子。"

谢安曾问子侄们分别喜欢《诗经》中的哪一句，谢玄说是“杨柳依依”，谢道韫说是“吉甫作颂，穆如清风”。谢安因此而称赞谢道韫有“雅人深致”，而谢安自己则最喜欢“讦谟定命，远猷辰告”。

在一个寒冷的雪天，谢安把家人聚在了一起，跟子侄辈的人谈诗论文。不一会儿，下起了又大又急的雪，谢安高兴地说：“纷纷大雪何所似（这纷纷扬扬的大雪像什么呢）？”他侄子谢朗说：“撒盐空中差可拟（跟把盐撒在空中差不多）。”他的侄女谢道韫说：“未若柳絮因风起（不如比作柳絮被风吹得漫天飞舞）。”谢安高兴得大笑起来。这就是谢安大哥谢奕的女儿谢道韫，左将军王凝之的妻子。

谢安很注重孩子们的自尊心。谢玄小时候好虚荣，佩戴了紫罗香囊，谢安并没有直接指责，而是在打赌赢了香囊以后当面烧毁，以此来教育谢玄不适宜佩戴这样浮华的东西。

谢朗不知道“熏老鼠”的笑话是有关自己父亲谢据的，也跟着世人一起嘲笑，谢安知道以后，故意把自己也说成做了这件傻事，启发谢朗去懂得不应该随意嘲笑别人。

谢安虽然屡屡不愿出山，但当时的士大夫却都对他寄予很大的期望，以至时常有人说：“谢安石不肯出，将如苍生何？”他的妻子刘氏是当时的名士刘惔的妹妹，眼看谢氏家族中的谢尚（谢鲲之子，谢安从兄）、谢奕（谢安长兄，谢玄之父）、谢万（谢奕、谢安之弟）等人一个个都位高权重，只有谢安隐退不出，刘氏曾对谢安说：“夫君难道不应当像他们一样吗？”谢安掩鼻答道：“只怕难免吧。”

谢安与王羲之关系甚好，二人才气相当，惺惺相惜，所以经常就一些问题谈论一下自己的看法。谢安曾对王羲之说：“中年以来，伤于哀乐，与亲友别，辄作数日恶（人到中年，总是很容易感时伤怀，每每与亲朋好友离别，就会难受好几天）。”王羲之则答：“年在桑榆，自然至此。顷正赖丝竹陶写，恒恐儿辈觉，损其欢乐之趣（是啊，快到晚年了，自然要这样，只好靠音乐来陶冶情操了，还总是怕儿女们觉得伤害了他们快乐的情趣）。”

当然，二人也有意见不同的时候。永和二年（公元 346 年），王羲之和谢安同登冶城（今江苏南京），就曾在此有过一段十分著名的对话：王羲之和谢安同登冶城，谢安悠然遐想，有超脱世俗的志向。

王羲之对谢安说：“夏朝的大禹王为了政事操劳，双手双脚都长满了老茧；周文王忙于政事，废寝忘食，日理万机，总还觉得时间不够用。现在国家正处在危难的关头，强寇在北方，边境四处告急，身为晋朝的臣民，难道我们不应该为国家而担忧吗？你看看如今这些人，天天空谈什么玄理，追求什么逍遥，做官的不通政务，诗文却写得不错，但是这又有什么用处呢！谁要是为国事操劳，反倒成了不合时宜了，难道应该是这样吗！这种毫无用处的清谈，难道不应该被废止吗？”

谢安回答说：“逸少，我问你，秦始皇任用商鞅，严刑治法，秦朝又怎么样呢？还不是二世而亡。难道这是因为清谈造成的吗？”

关于“清谈”之风，谢安并不是首创，他只是其中的一个推崇者罢了，而且“清谈”由来已久。自东汉末年开始，天下大乱，群雄割据，继而三国鼎立，直到魏晋时期，纷乱复杂的局面仍然持续。

这么多年以来，人们一直流离失所，几乎没有过过几天安定的日子，所以人们经常感到生命无常，人生观和价值观也随之变得悲观、消极，在这种情况下，人们的思想也倾向于颓废、怪诞、浪漫、厌世。

于是，社会上也产生了一种十分特殊的风气，那便是“清谈”之风。尤其是在魏晋时期，“清谈”之风尤为盛行。

“清谈”是相对于谈论俗事而言的，所以也称之为“清言”。当时士族名流相遇，不谈国事，不言民生，谁要谈及如何治理国家，如何强兵裕民，何人政绩显著等，就被贬讥为专谈俗事，会遭到讽刺。因此，不谈俗事，专谈老庄、周易，被称为“清言”。

这种“清言”在当时很流行，特别是统治阶级和他们身边有文化的人，更视之为高雅之事、风流之举。他们在一起讨论争辩，各抒歧异，摆观点，援理据，以驳倒他人为能事。由于上流社会的普遍参与，所以“清谈”成为时尚。那一时期，经常可见名流雅士坐在一起，仙风道骨般地谈天说地。

“清谈”的方式，绝大多数属于口谈。而就口谈而言，又有几种方式。一是两人对谈，即所谓主客对答。一个人对某一个问题提出自己的看法，谓之“主”；提出不同见解和质疑者，谓之“客”。主客互相质疑对答，往返难休，这是“清谈”的主要形式。二是一主多客或一客多主。不过主客双方都以一人为主，其余者可以插言。三是“自为主客”。当别人对问题都无高见可抒时，某人可以就此问题自己设疑，自己解答，以发表他的高见。

“清谈”的内容也有所不同，平民百姓谈论的一般都是柴米油盐、家长里短，士族名流一般谈论的都是老庄、周易。随着清谈氛围的形成，其内容也越来越深奥，逐渐演变成了谈玄说理。

既可以抒发自己苦闷的心情，又可以提高自己的声望，何乐而不为呢？所以“清谈”的影响越来越大。其中最著名的代表人物就是阮籍、嵇康、山涛、刘伶、阮咸、向秀、王戎这七个人，因为这七个人经常聚集于竹林之中谈天说地，所以又被称为“竹林七贤”。

魏晋时期这种“清谈”之风十分流行，按理来说，王羲之出身于名门望族，不仅文章写得好，而且字写得更好，他应该也会加入这些名流志士的“清谈”行列，但是为什么王羲之十分反对呢？

因为王羲之是一个具有远大志向，胸怀天下，责任感极强的人。这种“清谈”是王羲之所不认同的。王羲之认为有能力、有学识的人应当报效国家，发挥自己的价值，最终死得其所，才不枉此生。

但是魏晋时期，这种“清谈”的风气已经渗透进社会的各个角落。王羲之身为贵族，自己的身边也有很多亲朋好友推崇、沉浸其中，眼看着大家竞相清谈不重务实，他也只能寄情于山水之间，尽自己的所能去劝说，于是才有了与谢安在冶城上的著名谈话。

第三节　会稽政事

《晋书·王羲之传》载：“（王）述先为会稽，以母丧居郡，羲之代述。”王述先为会稽内史，因为母亲去世，在郡内守丧，所以王羲之代替王述担任了会稽内史一职。据推断，王羲之于永和七年（公元 351 年）出任会稽内史，为右军将军，赴会稽山阴任职。

王羲之出任会稽内史，朝廷可能基于以下几方面的考虑。

其一，当时的西藩桓温势力对朝廷构成很大威胁，会稽是宰辅司马昱的封国，隶属于朝廷的势力范围之内。会稽又是三吴的腹地，水陆交通发达，物产丰富，许多豪门士族居住在这里，它对于当时的重镇扬州和都城建康来说，无论是在政治、军事，还是经济上都是非常重要的。另外，在平息苏峻叛乱之后，曾有人要求迁都于此。可见会稽的地理位置十分重要。

其二，王羲之是东晋第一大族王氏一族的杰出人才，才华横溢，任劳任怨，勤政爱民，在王述守丧造成职务空缺的期间，他是最适合的补缺人选。

其三，王羲之“不乐在京师”，不喜欢待在京都也就是建康任职，所以自然会对这一职务感到满意。于是，基于种种原因，王羲之担任了会稽内史一职。

会稽郡山阴县就是现在的浙江省绍兴县。这里曾经是上古时期的名郡，因会稽山而得名。上古时期的夏禹曾经在这里会见各位诸侯，建立中国历史上第一个朝代——夏朝。

“会稽”，有“聚而考察”之意，也因此将此地命名为“会稽”。大禹死后也曾葬于此地。春秋时期的越王勾践卧薪尝胆的故事也是发生在会稽。

秦始皇统一全国以后，曾在此设郡，为了彰显自己的功绩，秦始皇曾到全国各地巡游视察。据史料记载，公元前210年，秦始皇曾经在这里祭拜夏禹，并在南海之滨立下了颂德碑。

著名的史学家司马迁也曾经来到会稽探寻大禹墓，并将秦始皇所立的颂德碑碑文详细地记载于《史记》中。可见，会稽是一个历史悠久、人杰地灵的好地方。

王羲之在会稽的仕途生涯，是他人生中最辉煌的政治阶段，也是他人生中最后一个阶段的仕途生涯。王羲之对于管理国家，有自己的见解和主张，他对民情了如指掌，深知百姓的疾苦，他主张减轻人民的负担，因此提出过不少改革弊政的措施。

首先是禁酒节粮。东晋时期，饮酒成风，世家大族将饮酒作乐视为生活中必不可少的一部分。特别是那些风流名士更是整天酒醉如泥，疯疯癫癫地大发议论。王羲之也十分好酒，他曾经写道："向遂大醉，乃不忆与足下别。"意思就是说，我喝醉了，竟然想不起来是何时与你分别的。

这种风气自然也波及民间。有一次，王羲之和他的同僚们被当地百姓宴请，席上自然少不了喝酒，有一位老人感慨地说道，现在的酒味越来越淡了，大不如从前的陈年老酿。王羲之了解到，以前喝的酒都是用精选出来的高粱或大麦酿造出来的，味道自然又香又醇。可是现在这年头，粮食连吃都不够，哪儿还有上好的粮食酿酒呢？只能用差一点儿的米来酿酒，不仅分量少，而且质量也不好，所以酿出来的酒自然就没有味道了。

王羲之酒量很大，通常他都会畅饮一番，然而这一次他却端起酒杯待在那儿，踌躇了半天也没有喝，众人都纳闷不解，还以为是酒有什么问题。王羲之回到官府之后，问手下的官员："本地一年之中用于酿酒的米、麦、高粱等粮食要多少斤？"

这个问题问得大家有些摸不着头脑，大家面面相觑，回答不上来。过了好一会儿，刘平才说："禀大人，属下虽然不知道具体的数量，但是据属下所知，百姓们一般会人工酿酒，市井上也有水酒出售，日子艰难的时候大家都借酒浇愁。每年酿酒所用的粮食，其数量是相当可观的。"

王羲之这才说明自己的意图："这些年灾荒不断，年景不好，粮食金贵，酒不饮无妨，但是没有粮食就会饿死。粮食从播种到收获要好几个月时间，来之不易，我们要把仅有的一点粮食储备起来，以作度日之需。现在下令，本郡在一年之内不得酿酒，市面上也不得出售酒类。"

在场的官员听了都议论纷纷："大人，这有什么办法制止呢？

喝酒可是人家的自由，即使咱们是一方官员，但是也管不了啊!”

王羲之看到大家惊讶的表情，于是向大家解释道：“现在粮食这么紧张，我们拼命地想办法开源节流，但是没想到一年之中有这么多粮食都用来酿酒了，如果来年收成好的话，那倒无所谓，但是如果来年收成不好，百姓们连吃的都没有，那就可以用这些粮食救命啊！大家什么都别说了，新政令的实施肯定会有一定的阻力，这种事当然先从我做起，从今天起，一年之内，我绝对不喝一滴酒，这样大家应该就没有什么意见了吧！你们都下去安排吧，要老百姓将酿酒的粮食都储存起来，有朝一日他们要用到这些粮食的时候，就会理解我的良苦用心了。”

禁酒这一举措，在此以前曹操也曾实行过，那是为在困难的条件下筹措更多军饷用于战争。而王羲之则是为了“救民命”，其意义显然是不同的。“禁酒节粮”实施以后，果然节约了不少的杂粮谷物，使粮食紧张的局面得到缓解，救了一些人的命。有史书记载：“此郡断酒一年，所省百余万斛米，乃过于租。”

然而，王羲之却受到了各方人士的指责非议，他们认为王羲之是大事不管，却管起了百姓喝酒这样的小事，实在是本末倒置。对此，王羲之很无奈，他曾经写信给他的好友谢安，说起了这件事。

他在信中阐明了下令禁酒是为了节约粮食，防止百姓被饿死，除此之外别无良策，别人攻击我、指责我，我并不伤心，我只是不明白为什么做一件对百姓有益的事情，会有这么多人出来反对呢？朝廷之中有这么多唯利是图的小人存在，国家怎么能昌盛呢？原本是一心一意要为百姓谋福利，谁知却让人如此寒心？

其次是复开漕运。所谓漕运，旧指通过水路（间或陆路）将粮食解往京都和指定地点的运输。漕运起源很早，秦始皇将山东粮食运往北河（今内蒙古乌加河一带）作军粮。

汉桓宽《盐铁论·刺复》云："泾淮造渠，以通漕运。"事实正是如此，汉代"始引渭渠以漕山东之粟，旋濬褒斜以致汉中之谷，初不过岁运数十万石，及其盛时，岁益漕六百万石，类由河渠疏利，治之有方"。

进入晋代以来，由于战争不断，中原大地呈割据局面，漕运久停。到北伐之时一切军需只好转运供给，西输许洛，北入黄河，应征服役的民工忍受不了苦难，故"流亡日众"，逃走的人一天比一天多。更重要的是东土饥荒，自不暇救。

早在还没有开通漕运的战国时期，魏国国君魏惠王（即梁惠王）对灾荒采取"移民就食"的方法，《孟子·梁惠王上》中曾有这样的说法："河内凶，则移其民于河东，移其粟于河内。河东凶亦然。"即河内发生灾荒就将民众移至河东，如果河东遇灾则移民于河内。但是自从有了漕运这一良法，一遇到灾年，都是以粟就人，而不是以人就粟。

"移民就食"就是使百姓拖儿带女地离开自己的家园，到可以自给自足的土地上定居。这种做法对农业生产来说，无异于雪上加霜。再加上灾荒严重的百姓食不果腹，疾病随之而来，移民有时难以实现，将会有很多人因饥饿奔波而丧生，这些都是弊端。而漕运以粟救人，百姓可以在自己的土地上抗灾自救，以免跋涉之苦，这对保护劳动力的发展和生产无疑是有利的。

从前一遇到灾年，官吏们就让老百姓迁移到别的地方去，在王羲之看来，这种做法无异于"头痛医头，脚痛医脚"，治标不治本，不能解决根本问题，而且这还是官员们逃避责任的做法。

他曾经感慨地对朋友说："有些为官之人，就只想着'当一天和尚撞一天钟'，如果在任期间，没有发生天灾人祸，那他就安稳享乐，要是遇上荒年，就干脆让百姓们迁走，等到任期一满，就拍拍屁股走人了，也不顾当地百姓的死活，这样的人还恬不知耻地拿着朝廷的俸禄，实在是让人寒心啊！”

他的朋友劝他说：“天灾这种事情，本来就没有办法预测，有的官员是不想办法，有的官员是实在想不出办法。王兄，你可有什么一劳永逸的办法吗？”

王羲之回答道：“天灾我们当然是没有办法避免的，我们只能想办法来减少它所带来的危害和损失。我经过多方考察，觉得还是‘移粟救民’的方法可行，而‘移粟救民’的最佳方式就是开通漕运。”

“开通漕运？”朋友不解地问道，“怎么个开通漕运法？说来听听。”

王羲之说道：“江南一带不是本身就有很多河流吗？有的河段因为淤积过久，所以一到雨季，泛滥成灾。如果我们能够加以疏导，不仅能够让河川畅通，还能发展河运，这样的话，如果遇到荒年，就可以从千里之外，用船只将粮食运过来，这样既快捷便利，又比陆地上运的东西多，而且百姓也不用迁徙了，是‘一箭双雕’的事情啊！”

朋友很是赞同王羲之的想法。王羲之也认为漕运于国于民均有大益，所以毅然决定向朝廷建言复开漕运，并提出了具体的实施办法。王羲之希望朝廷将复开漕运的事决定下来，并委派下臣实施，到年终以此来考核政绩，尤其是长吏如不能完成任务，政绩很差，可送至大台治罪。如果三县不实行，则郡守必须罢免，或派到环境艰苦的边疆，降职使用。

于是后来王羲之便开始了这项工程，疏浚了河川，拓宽了河面，并在全国各地设立粮仓，储备粮食，以备不时之需。

再次是惩办贪官。王羲之认为，为官从政就应该有一种忘我的精神，处处为老百姓着想，为百姓办实事、办好事。

他曾在《深情帖》中这样写道：“古人云：‘行其道忘其力身，真。’卿今日之谓，政自当豁其胸怀，然得公平正直耳。”

王羲之引用古人的话说明行政必须豁其胸怀，然后才能公平正直，事事、时时都顾及自己的利益得失，这样的人是不适合从政为官的。

王羲之一生为政廉洁，体恤百姓疾苦。他在视察诸郡时，发现仓督监耗盗官米，而且其数量达到万计，十分生气。他主张对那些奸吏给予重判，“诛翦一人”，起到“杀一儆百”的作用，只有这样才能“其后便断”。

在官场上摸爬滚打多年，触及这些政治黑幕之后，王羲之十分痛心，于是便下决心好好整顿一番，重新建立一个廉洁、公正的为官形象。

但是，官场上官官相护的陋习让王羲之屡屡受挫，改革的措施也无法继续进行，王羲之十分愤慨，只能写信给好友谢安发泄心中的不满。谢安明白好友身处的境况，也深知王羲之的个性，更加懂得官场上的黑幕和伎俩，除了安慰好友之外，他很难做什么。

最后是改进征役，修改刑法。

王羲之认为“征役及充运死亡叛散”的人数很多，官方按常规会“补代”，但结果往往是“上命所差，上道多叛”。因为押送的官吏也相当艰辛，他们对朝廷和当时的法规都心怀不满。如果发生叛乱事件，叛散者的“同伍”，同样要受到“课捕”，所以负责管理的官吏索性与叛者席卷同去。

与此同时，叛者的家人也同样会受到课捕，于是家人得到消息后会纷纷逃亡，流离失所。这样就会造成“百工医寺，死亡绝没，家户空尽”的后果。

王羲之将自己的政见概括为“罪而充杂役，尽移其家”九个字。他提出减少判死刑的人的建议，让他们补充兵役。判五年徒刑的人“可充杂工医寺”，但是充当杂工医寺的人，王羲之又提出，要移其家“可绝其亡叛”。意思是他们的家都要移至都邑，因为家在都邑生活会比较安定，逃跑的亡叛会顾及家小。再者都邑的范围有限，管理比较严密，全家逃跑很不容易。

更重要的是，“百工”可以生产各种各样的手工业产品，这些产品既可以保证朝廷官府和军队的需要，也可以满足市场的需求。“医寺”对于保障百姓健康和战时医疗都具有重要的作用，因此也是必不可少的。

百姓生活充实稳定是社会稳固之本，因此重新建立和稳定“百工医寺”的队伍，事关社会的稳定和安宁，更有利于社会的持续发展。

南宋时期洪迈在《容斋随笔》中写道：“王逸少在东晋时，盖温太真、蔡谟、谢安石一等人也，直以抗怀物外，不为人役，故功名成就，无一可言，其操履识见，议论闹卓，当世亦少其比。”

王羲之的许多政治主张未被当权者所接受，内心非常忧愤，特别是伯父王导、王敦，岳父郗鉴亡故以后，他对于很多事情便更加无能为力了。王羲之的思想主张并非纸上谈兵没有价值。历史是一面镜子，他的许多政治主张在南北朝时期也曾产生过积极的影响。

南朝北朝对峙，特别是南朝偏安一隅的状态与东晋王朝的状态相似，他的许多政治主张被后来南朝的政治家所“移植”采用，而且都产生了积极的有益的效果。

例如，刘宋政权曾下令严禁地方官吏滥征赋役，减少部分杂役、徭役；宋文帝采取奖励农桑、兴修水利、减轻农民负担以及赈济灾民等许多措施。

元嘉十二年（公元 435 年）丹阳、淮南等地淫雨成灾，政府除诏免灾区一切租役外，还从徐、豫、会稽等地调大米万斛以赈济灾民；还规定“凡欲附农而粮种匮乏者，并加给贷”；在元嘉年间，对江汉漕河进行修凿，以广漕运。

《南齐书·明帝纪》载建武元年（公元 494 年）诏曰：“细作中署、村官、车府，凡诸工可悉开番假，递令休息。”也就是说工匠在上番服役之外，可以有自己支配的劳动时间。

这些都说明，王羲之曾经提出的政治主张在南朝实行以后，对社会的稳定、经济的发展曾起了积极的作用。

王羲之不仅仅是在书法上名垂青史、成就非凡，而且对政治、军事、经济、法律也有许多精辟的见解、远见的卓识。

第六章　兰亭盛事

第一节　兰亭集会

东晋穆帝永和九年（公元 353 年），初春三月的时候，会稽一带风和日丽、天气晴朗，但是此时桓温刚刚二度北伐失利，王羲之看到国事混沌不明，前途渺茫，心情很是郁闷。他想起自为官以来，自己有颇多的不顺意，国家也面临内忧外患的局面，空有一身治国救民的理想抱负，但是无处施展，想到这里，更是心情不明朗。

这时，王羲之看到窗外的景色，春日迟迟，卉木萋萋，心想：与其我一个人在这里惆怅郁闷，还不如约几个好友，一起去踏青赏景，聚一聚、喝喝酒，出去散散心，岂不妙哉？

想到这里，王羲之紧锁的眉头逐渐舒展开来，于是就摊开纸笔，准备书写邀请函，但是他提起笔来，却无从下笔，不知道该用一个怎样的名目来邀请大家，总不能这样无缘无故地把大家叫出来吧？

想了半天，王羲之终于想到了："现在是初春三月，那就用'修禊'的名义吧！"

所谓"修禊"，是我国古代的一种习俗，三月上巳，也就是三月里第一个巳日的日子，这一天人们必须到水边举行修禊仪式，用香薰草蘸水洒身上，或沐浴洗涤污垢，感受春意，祈求消除病灾与不祥，是一种消灾祈福的仪式。

渐渐地，这一习俗演变成春光明媚的日子里，男女老少去野外郊游、宴乐，一些达官显要也借此机会，聚在一起高谈阔论、饮酒赋诗、赏景踏春，于是成为一种雅事。后来，人们为了方便记忆，就以三月初三这一天代替了三月上巳，进行修禊的活动。

想好了名目，可是地点定在哪儿呢？东晋时期，不少名士住在兰亭，谈玄论道，放浪形骸，于是便将"修禊"的地点定在兰亭。

现在去兰亭，可以看到"鹅池"两个大字，这两个字各成风格，"鹅"字看起来有着南方人的清秀，而"池"字则显现北方汉子的粗豪，后人称之为"父子碑"。而且偶尔还可以在鹅池中见几只白鹅悠然嬉游，颇有生趣。而王羲之书法的"飘若浮云，矫若惊龙"的精华就是从鹅的形体上悟出的真理。

于是，在农历三月初三这一天，王羲之和司徒谢安、辞赋家孙绰、矜豪傲物的谢万、高僧支遁（字道林），以及自己的子、侄等共计四十二人浩浩荡荡地在会稽山阴（今浙江绍兴）兰亭集会举行“修禊”仪式，之后还饮酒作诗，好不惬意。

江南的三月，通常是细雨绵绵的季节，而这一天却格外晴朗，崇山峻岭，茂林修竹，惠风和畅，溪中清流激湍，景色恬静宜人。王羲之带领大家进行“修禊”的祭拜仪式，仪式结束以后，大家便三五成群地聚在一起，喝酒聊天。

这时，王羲之觉得大家难得与这么多志同道合的朋友聚在一起，应该好好地玩一下，这样才不辜负这大好春光，也不枉费今天的出行一趟，于是就提议大家一起来一个“流觞曲水”。

这就是兰亭雅集上的另一个载入史册的项目，所谓“流觞曲水”，也称为“曲水宴”，就是在场的四十二位名士列坐在蜿蜒曲折的溪水两旁，然后由书童将斟酒的羽觞放入溪中，让其顺着溪流而下，溪流中的水时而湍急，时而缓慢，所以酒觞也就时停时走。游戏规则是如果酒觞在谁的面前停滞了，谁就得赋诗，若吟不出诗，则要罚酒三杯。

酒过数巡之后，正当酒酣意畅之际，有人提议道：“今天的聚会实在是太难得了，有这么多的名士聚在一起，又有这么多的佳作，我们为何不将这些佳作整理收集，汇订成册呢？然后再请在座的其中一位高手写一篇序言，来记述这次兰亭集会的文章，大家说怎么样？”

大家听了以后，一致表示赞同。于是，就将大家所做的三十七首诗，汇编成集，这便是著名的流传于世的《兰亭集》。

不过，找谁来写这篇序言呢？这个人不仅仅要文章写得好，字也要写得好，要不岂不是辜负大家这么多佳作？于是，大家自然而然地公推此次聚会的召集人、德高望重的王羲之来写这一篇序文，记录这次的雅集。

于是，王羲之也不推辞，乘着酒兴，面对亲朋挚友，用蚕茧纸、鼠须笔，即席挥洒，心手双畅，即兴写下了这篇共二十八行，三百二十四字的被后人誉为“天下第一行书”、“遒媚劲健，绝代更无”的序文《兰亭集序》。

序文中记叙兰亭周围山水之美和聚会的欢乐之情，抒发了作者觉得好景不长，生死无常的感慨。全篇气韵流畅，字体妍美，很好地表现了春景中好友相聚时的愉悦之情。

《兰亭集序》全文：

永和九年，岁在癸丑，暮春之初，会于会稽山阴之兰亭，修禊事也。群贤毕至，少长咸集。此地有崇山峻岭，茂林修竹，又有清流激湍，映带左右。引以为流觞曲水，列坐其次，虽无丝竹管弦之盛，一觞一咏，亦足以畅叙幽情。是日也，天朗气清，惠风和畅。仰观宇宙之大，俯察品类之盛，所以游目骋怀，足以极视听之娱，信可乐也。

夫人之相与，俯仰一世。或取诸怀抱，悟言一室之内；或因寄所托，放浪形骸之外。虽趣舍万殊，静躁不同，当其欣于所遇，暂得于己，快然自足，不知老之将至；及其所之既倦，情随事迁，感慨系之矣。向之所欣，俯仰之间，已为陈迹，犹不能不以之兴怀，况修短随化，终期于尽！古人云：“死生亦大矣。”岂不痛哉！

每览昔人兴感之由，若合一契，未尝不临文嗟悼，不能喻之于怀。固知一死生为虚诞，齐彭殇为妄作。后之视今，亦犹今之视昔。悲夫！故列叙时人，录其所述。虽世殊事异，所以兴怀，其致一也。后之览者，亦将有感于斯文。

第二天，王羲之酒醒后意犹未尽，伏案挥毫在纸上将序文重新书写一遍，但是怎么看都觉得不如原文精妙。他有些不相信，自己酒后写的一篇文章竟然如此之好，一连重新书写几遍，但是仍然不及原书的精华。这时他才明白，这篇序文已经是自己一生中的顶峰之作，自己的书法艺术在这篇序文中得到了酣畅淋漓的发挥。

第二节　传世佳作

《兰亭集序》，又名《兰亭序》《兰亭宴集序》《临河序》《禊序》《禊帖》。其文章和书法都具有极高的艺术价值，与颜真卿的《祭侄季明文稿》、苏轼的《寒食帖》并称为“三大行书书法帖”。

《兰亭集序》全文可分前后两个部分。前一部分主要是叙事、写景，用简洁明了的语言交代了集会的时间、地点及原因。后一部分，作者笔锋一转，转入抒情、议论，由欣赏良辰美景、流觞畅饮，而引发出乐与忧、生与死的感慨，作者的情绪顿时由平静转向激荡。

作者在表现人生苦短、生命无常的哀叹中，流露出一腔对于生命的向往和执着。由乐而生悲，由生而到死，这就是他此时产生的哲理思辨。但到篇末作者的情绪又趋于平静。人事在变迁，历史在发展，由盛到衰，由生到死，这些都是必然的规律。正因人生无常，时不我待，所以才要著文章留传后世，以承袭前人，以启示来者。

《兰亭集序》历来被认为是经典杰作，有“天下第一行书”之美称。其书法飘逸流畅，如行云流水而又笔力雄健。

《兰亭集序》遒劲的用笔之美，流露于每一个细节之处。全篇共三百二十四字，但是每一字都被王羲之创造出一个生命的迹象，都有筋骨血肉完美的身躯，且赋予各自的秉性、精神、仪容，或坐，或卧，或行，或走，或舞，或歌，虽然在尺幅之内，但是群贤毕至，众相毕现，每一个字都姿态殊异，圆转自如。可见王羲之写字已经达到了出神入化的境界。

《兰亭集序》字的结构，体势纵长，左低右高。字的大小长短相间，虚实相生。布局上纵有行，横无列，每行又错落有致，千变万化。尤其是章法，气韵生动，风神潇洒。

可以看出，从《兰亭集序》那温文尔雅、不激不厉的风格中，蕴藏着作者深厚的传统功力、成熟的笔墨技巧、广博的文化素养和高尚的艺术情操，因此才达到了他书法上登峰造极的境界。

王羲之的《兰亭集序》被后人推崇，尤其是到了唐代，唐太宗李世民将《兰亭集序》视为珍宝，并亲自为王羲之作传："详察古今，研精求篆，尽善尽美，其惟王逸少乎！观其点曳之工，裁成之妙，烟霏露结，状若断而还连，凤翥龙蟠，势如斜而反直，玩之不觉为倦，览之莫识其端。心摹手追，此人而已。其余区区之类，何足论哉。"

《兰亭集序》表现了王羲之书法艺术的最高境界。作者的气度、风神、襟怀、情愫，在这件作品中得到了充分的表现。后人也评价道："右军字体，古法一变。其雄秀之气，出于天然，故古今以为师法。"

第三节　流传之谜

关于《兰亭集序》的流传，世间有很多形形色色的趣闻逸事。

王羲之认为《兰亭集序》是自己一生的得意之作，并将其视为传家宝。

临终之前，他把子女叫到床前叮嘱道："为父这一生落魄，没有什么大的作为，也没有什么东西可以留给你们，唯有这《兰亭集序》是我这一生习书练字的精华，凝聚了我全部的心血，希望你们能够好好地保存它，并且把它当作我们王家的传家宝世代相传，千万不能落到旁人手中。"

儿女们都哽咽地说道："父亲放心，这是我们王家的财富，我们会好好地保护它，绝不会流落到外人手里。"

王羲之的儿女们遵照父亲的遗言，谨慎地保存这篇《兰亭集序》，这帖子就这样被王氏子孙一代一代地传了下去，直到陈、隋年间，这本《兰亭集序》传到王羲之的七世孙智永禅师手中。智永不知为何出家为僧，身后自然没有子嗣，于是就将祖传的《兰亭集序》真本传给了他的弟子——辩才和尚。

临终之前，智永和尚将弟子辩才叫过来，对他说："为师自知大限将至，不久于人世，可是我还有一件事放心不下。"辩才握着师父的手说："师父尽管吩咐。"智永说："我这里有一本《兰亭集序》，它是我们王家的传家宝，传到我这已经是第七代了，但是我没有后人，与王家的后人也早就断了联系，想来想去，为师觉得你是最合适的人选，你是为师的大弟子、得意门生，而且你本性善良，忠实可靠，也是一个可以托付的人，为师信得过你，希望你今后能好好地保存。"辩才和尚跪在师父的床前，诚恳地说道："师父放心，我一定会好好地保存的，不会辜负您的期望。"

到了唐朝初年，唐太宗李世民大量搜集王羲之书法珍宝，经常临摹练习，对《兰亭集序》这一真迹更是仰慕，多次重金悬赏索求，但一直未果。后来，偶然得到消息，知道了《兰亭集序》

的真迹在会稽一个名叫辩才的和尚手中，从此引出一段，唐太宗骗取《兰亭集序》，原迹随唐太宗陪葬昭陵的故事。这一段故事，更是增添了《兰亭集序》的传奇色彩和神秘气氛。

至今，关于王羲之《兰亭集序》遗存何处的论辩也没有一个明确的论断，但是《兰亭集序》经过历史长河的洗礼，最终能够流传下来，其内容和书法都具有极高的文化价值却是一个不争的事实。

第七章　回归自然

第一节　辞官归隐

王羲之虽然为官从政多年，但是在骨子里仍然是一位艺术家。他渴望并向往山水田园般闲适惬意、自由自在的生活，想要远离官场上的尔虞我诈，回归自然的生活，安享天伦之乐。最终，于晋穆帝永和十一年（公元 355 年）三月九日，王羲之归隐于剡东。

剡是古地名，因剡溪而出名。剡东，也就是剡溪之东，位于今浙江省新昌境内。地处曹娥江上游，位于会稽山、四明山、天台山三大山脉的交叉地带。剡溪两岸万壑争流，众源并注，或奔或汇。层峦叠嶂，风景秀丽，十分适合休养生息，安度晚年。后来又因王徽之有“雪夜访戴”的故事，使此地更加有名气。

据史料记载：王子猷居山阴，夜大雪，眠觉，开室命酌酒。四望皎然，因起彷徨，咏左思《招隐诗》。忽忆戴安道。时戴在剡，即便夜乘小船就之。经宿方至，造门不前而返。人问其故，王曰：“吾本乘兴而行，兴尽而返，何必见戴！”大意就是说：王子猷（王徽之）居住在会稽山阴（今浙江绍兴市），有一次，夜里下起了鹅毛大雪，他从睡梦中醒来，打开窗户，命令仆人斟上酒。从窗户向四处望去，看到一片洁白银亮，于是便起身慢步徘徊，吟诵着左思的《招隐诗》。

忽然间想到了好友戴逵，当时戴逵远在曹娥江上游的剡县，王徽之不顾路途遥远，即刻连夜乘小船前往剡县。经过一夜才到剡县，但是到了戴逵家门前，却没有进去，而是又转身返回。跟随他的仆人问他为何这样做，怎么不进去，王子猷说："我本来就是乘着兴致前往，现在兴致已尽，自然就要返回，为何一定要见到戴逵呢?"由此可见王徽之的潇洒惬意。

后来，也有很多诗人慕名前来，并留下了许多著名的诗篇。李白有诗云："虽然剡溪兴，不异山阴时。"罗隐有诗云："金庭路指剡川隈，珍重良朋自此来。"李端有诗云："戴家溪北住，雪后去相寻。"方干也有诗云："协湾街濑片帆通，高枕微吟到剡中。"

王羲之为何会选择辞官归隐呢？原因主要有以下三点。

其一，王羲之本来对仕途并不感兴趣。他作为世家大族的一员，但是出仕做官的时间并不算早，可见王羲之并不想过早地从事政治上的事务，而且他自己也曾经表示，"吾素自无廊庙志"，我本来就没有从政的意愿，不想当官。虽然，在年少时，他的才学就为吏部尚书周顗、大将军王敦所赏识，并寄予厚望。

入仕之后，当他还是一个小小的秘书郎时，时任征西将军的庾亮就请他当参军，不久又提拔他担任长吏。当时的王羲之只有23岁而已。尤其是扬州刺史、中军将军殷浩称王羲之"清鉴贵要"，并多次向朝廷举荐他。朝廷也多次召他为侍中、吏部尚书，可是都被王羲之推辞了。其中的一个原因，就是他不乐意待在京城里，不想参与这些官场的尔虞我诈，而是想回归自然，做回自己。这样不仅可以不再受到朝规的约束，又可以尽情地游历名山胜水，实乃人生的一大乐事。

其二，王羲之辞官归隐的主要原因就是，他虽然不热衷于入仕，但是自从进入官场以后，一直尽心尽力，勤政爱民，努力做一个为百姓服务的好官。他看到官场上大家官官相护的状况，总想要惩治贪官，改变现状，但是无奈自己的力量太微弱，不足以改变官场贪污腐败不作为的状态，于是王羲之觉得十分郁闷。

其三，还有一个直接原因，那就是王述。殷浩因不听王羲之的劝告，再次北伐兵败后，被贬为庶人。不久，朝廷由守丧期满的原会稽内史王述接替殷浩担任扬州刺史。这就直接影响了王羲之后半生的政治前途甚至人生轨迹。

那么，王述到底是何许人也？他与王羲之之间又有着怎样的恩怨呢？

王述（公元 303 年—公元 368 年），字怀祖，袭封蓝田侯，人称王蓝田，太原晋阳（今山西太原市）人。汝南内史王湛（公元 249 年—公元 295 年）之孙，东海太守王承之子。与王羲之同年同宗，又同为太子晋裔孙，前者出身太原王氏大族，后者出身琅邪王氏望族，两人门第相当。

《晋书·王述传》中记载说：王述一开始家中很贫穷，当初任宛陵县令时收了很多他人馈赠，却被州府所检举，达至一千三百条。王导作出劝谏，而王述亦言收够了就会停止。后来任州郡官员时都十分清廉，俸禄赏赐都分给了亲朋故友，亦不换新屋新物品。后期这清廉行为又被当时人所赞叹。

还有这样一段记载：蓝田侯王述少年孤苦，侍奉母亲以孝顺恭敬而闻名。他安贫乐道，不求闻达，性格沉静，每每因为客人争辩，大家都争相发表不同的意见，只有王述淡然处之。后来承袭父亲的爵位。为人成名较晚，三十岁了，尚未出名，当时有的人认为他痴傻。丞相王导因为他是东海太守王承的儿子，就召他担任属官。曾经聚会在一起，王导每次讲话，众人都拍马屁一般争相赞美。只有王述正色说道："丞相又不是尧、舜，哪里能够每件事都做得尽善尽美呢！"王导因此十分赞赏他。

王述是一个性格急躁的人。有一次，王述想吃一个鸡蛋，用筷子去扎，当然扎不住，就大发脾气，把鸡蛋拿起来摔到地上，也许是地上的毛毯很厚，鸡蛋没有碎，而且在地上不停旋转，又下地用木屐去踩，还是没有碎。王述勃然大怒，把鸡蛋放到口中，咬破之后再吐出来。

王述是一个率真直爽的人。有一次，王述调任尚书令，命令刚一下来，他便去就职。他的儿子王坦之劝告他说："父亲，您应该把这个职位辞让给别人。"王述说："你什么意思，难道是说我不能胜任这个职务吗？"他儿子说："您当然能够胜任尚书令这个职务，但是，谦虚辞让是一种传统美德，这个形式不能够缺少。"王述感慨地说："既然说我能胜任，为什么还要进行辞让这个形式？岂不是多此一举？人们都说你以后会比我强，我看你以后一定还是不如我呀！"

从这几则故事我们不难看出，王述是一个率真、直性，毫不做作，不愿违心的人。但是在东晋那个年代，名士的风气是谈玄清高，对于这样一个不懂得人情世故，不会深沉的人，自然与名士之类的人格格不入。在当时人们给王述的评价就是痴傻、刻薄、小人。以名士风范著称的王羲之经常在公众的面前奚落他。

据《晋书·王羲之传》记载：骠骑将军王述少有美誉，与王羲之齐名，但是王羲之看不起他。后来，王述越来越有名气，于是，王羲之心中愤愤不平，对此很是不服气。

王述在会稽当郡守的时候遭母亡故，便去职守孝，暂时留在山阴县办理丧事。随后，朝廷任命王羲之接替王述出任会稽内史，根据当时的风俗习惯，接任的人必须去上任的郡守家中吊丧。王羲之多次说要去，可是过了好几天也没有去。后来终于去了，王羲之自己登门通报，见主人王述正在痛哭，便没有进到灵堂里，反而转身离去。

王述是一个孝子，丧母已经很令他伤心，而王羲之的放荡不羁，触犯家讳，在王述看来觉得这是对他莫大的侮辱。于是，王述便怀恨在心。

后来，王羲之接任会稽内史的职务之后，王述总以为王羲之会去拜见他。于是，每次听到郡守离开官署的号角，王述就命人打扫厅堂，等待王羲之的到来，可是却屡次失望。

有一次，王羲之路上偶遇王述，王羲之本来不想打招呼，可是实在推脱不过，于是就寒暄几句，还表示要前往慰问，商定好日期，王述一切准备妥当，王羲之路过门前却扬长而去。从此，两人的误会越来越深，王述也暗自发誓要伺机报复王羲之。

那时，会稽郡是属于扬州管辖的，扬州刺史是会稽内史的顶头上司，他有权监督、检察和考核会稽内史的履职情况。王述跟王羲之不睦已久，王述刚刚受诏担任扬州刺史之时，在会稽郡内大拜宾客，连等闲官宦人家都去了，唯独没有到郡署去拜会王羲之，而是从郡署门前一别而去。但是王羲之当时并不在意，一则他本来看不起王述，也不愿与王述这样的人打交道，二则他终日忙于政务，也没有工夫理会这种钩心斗角之事。但是后来王述自上任后，便对会稽郡百般刁难。

王述每次巡查会稽郡，监察会稽行政事务，总是“鸡蛋里挑骨头”，必然会提出许多无理的问题。有一次，王述以检查储存的粮食为由来到郡府官署，王羲之知道来者不善，但是碍于王述现在是自己的上司，虽然自己知道他可能是故意刁难，但是在自己的下属面前也不能公然反抗，于是就只好带着相关人员陪着王述一起到粮仓去。

在路上，王述坐在车上，觉得很颠簸不稳，于是便指着道路说："你们这些人是怎么办事的？这路是怎么修的？朝廷给你们拨那么多钱，你们却把路修成这个样子！真是不像话！下次我再来视察的时候，一定要修好，知道了没有？"王羲之看到王述那盛气凌人的样子，也不好发作。

到了粮仓以后，王述便进去察看。王述大摇大摆地走在前面，王羲之和其他官员紧随其后，王述在窗台上抹了一下，马上大叫起来："这么厚的土，你们平时不干活的吗？真是太不像话了！"

除此之外，王述还在外面制造谣言，说王羲之之所以出守会稽，是为了以后在此处养老，不善治郡，徒以工书成名，甚至连开仓放粮、救民于水火之中的善行也被宣传得变了味。王羲之本来就与王述不睦，王述的这些谣言令王羲之更加无法忍受。

为了免受王述的控制，王羲之想来想去，决定还是请求调离会稽，于是，他上疏请求调到会稽以南几个郡距离扬州治所较远的地方，或者如果征调、述职都有所不便的话，建议把会稽从扬州分出并升格为州。

但是，此时与王羲之私交甚笃的殷浩已削职为民，桓温虽然不在京城，却足以影响朝政，况且桓温早就已经把王羲之看作殷浩的同党，怎么可能答应王羲之的请求？

因此，王羲之的建议不仅没有得到朝廷的采纳，反而被当朝权贵所讥讽，甚至成为当时人们谈资的笑柄。这件事着实让自命清高的王羲之丢尽了脸面。王述作为当时王羲之的上司，自然也知道了这份公文，于是他放出消息说："王羲之肯定是有什么把柄怕落到我手里，所以才这样急着想走。"这些话也传到了王羲之的耳朵里，他知道要是这些谣言被那些趋炎附势的小人利用，自己一定会弄得身败名裂。

当时，王述还私下派人传话，叫王羲之自己想个合适的办法来了断两个人之间的恩怨。王羲之觉得如果继续留在会稽内史的位上，王述可能会一直刁难、折磨自己，而且很可能有辱父母双亲或者危及自己的家人。倘使先人有灵，必然地下不安。于是，王羲之通过权衡利弊，毅然决定辞职，最终于永和十一年（公元355年）三月九日，王羲之在父母墓前摆下筵席，写下《告誓文》，举行告誓先灵的仪式。

《告誓文》原文：

维永和十一年三月癸卯朔，九日辛亥，小子羲之敢告二尊之灵。羲之不天，夙遭闵凶，不蒙过庭之训。母兄鞠育，得渐庶几，遂因人乏，蒙国宠荣。进无忠孝之节，退违推贤之义，每仰咏老氏、周任之诫，常恐死亡无日，忧及宗祀，岂在微身而已！是用寤寐永叹，若坠深谷。止足之分，定之于今。谨以今日吉辰肆筵设席，稽颡归诚，告誓先灵。自今之后，敢渝此心，贪冒苟进，是有无尊之心而不子也。子而不子，天地所不覆载，名教所不得容。信誓之诚，有如皦日！

王羲之向双亲亡灵陈词告誓，言语之中无不透露出感情真挚、恳切情深，里面还夹杂着一丝无奈和忧愁。从此以后，王羲之便辞官归隐，直至终老。

王羲之辞官归隐之后，日子的确比之前好过很多。他沉浸于一生都在向往的自由自在的日子，发出死而无憾之叹。正是因为进入了如此的境界，他的书法创造步入巅峰。

最能反映王羲之晚年书法风格的作品当数《丧乱帖》。在这幅字帖中，可以说是行书体、楷书体还有草书体，各种字体、字形被熔于一炉，间而有之，体势间杂，但又和谐统一，绝无生硬造作，完全根据情感的变化和需要而生发。神韵气格，纤毫毕现，用笔之轻重缓疾，都极富变化；而字势略方，以见骨力，是“右军风骨”的完美体现。说无法又有法，不仅每个字独立可观，精妙绝伦，而且通篇跌宕起伏，又融融一气，达到一种纵心所欲不逾矩的地步和神韵天成的境界。

第二节 归隐逸事

王羲之辞官归隐之后，日子过得悠闲自在，如神仙般逍遥。

王羲之自娶了郗家小姐后，夫妻二人恩恩爱爱。相得益彰的是，王羲之从没有间断书法练习。有一天夜里妻子正在睡梦中，只觉得脊背上痒痒。醒来一看，夫君正伸着手指在写写画画，仔细一看，竟然还闭着眼睛。原来，王羲之是在梦中练习书法呢。夫人郗璿不忍心打断他，此后，这样的事情就时有发生，夫人也习以为常了。

这样“日夜奋斗”，王羲之书法水平更是突飞猛进、日渐老到、登峰造极。但是与书法的增进相反的是，这么多年来夫人郗璿的年龄好像没有增长，丝毫没有显老，反而是面色红润，身段优美。这令同龄的姐妹们大为羡慕，纷纷问她如何保养，她却只是笑笑不说原因。后来，这些赞美也传到了王羲之耳朵里。

平日里，王羲之只顾练习书法，听别人说起之后才觉得自己的夫人确实比同龄者娇嫩，于是便好奇地问夫人其中原因。谁知夫人却说，这不都是因为你。这更让王羲之摸不着头脑，平日里都是夫人照顾自己，自己哪有时间照顾夫人呢。

于是夫人这才告诉他梦中习字的事情，岂不知，王羲之在夫人肢体上龙飞凤舞，不正是现在所说的按摩嘛。在睡梦中都能享受如此富有艺术的“按摩”，让夫人身心放松、经络疏通，怎能不越发年轻呢？看来，王羲之不仅是书圣，还是“称职的按摩师”呀。

还有很多王羲之的逸事，至今仍旧脍炙人口。

王羲之很爱游山玩水，喜欢在大自然中感受最纯粹的生活。有一年春天，他去杭州探访好友。走到苏州地面，步上一座石桥，举目四望，见前边有一座小村庄，飘扬的酒旗在落日的余晖中闪光，袅袅的炊烟从茅屋顶上升起，三三两两的农人向村庄走去，这是一幅多么美丽的图画呀。

他有些流连忘返，在桥边停下，月亮升起的时候，村庄一片朦胧，更是一番景致。沽来一壶清酒，买了几盘小菜，自斟自饮起来。夜半时分，带着几分醉意，渐渐睡去。第二天醒来之后，忽然觉得头上沉重，回到馆舍躺下就病了，书童请来了苏州的名医为王羲之诊治。

王羲之整整病了一个月，出门时身上所带的盘缠也已用光，要到杭州看朋友也不能了。这可怎么办？他想了想，忽然记起来，在他住的旅馆对面有一个当铺，他记得那个“当”字已经破旧不堪了，何不写个“当”字去当了？

这是个好主意，于是就叫书童铺纸磨墨。他写好一个“当”字，叫书童拿去当了，书童走之前，王羲之告诉他：“你告诉老板，价格是三十两银子，少一两也不当。”书童说道：“嗯，好！”

书童来到当铺，展开王羲之的字，老板一看，果然是个好字，就问当多少钱，书童说三十两银子，少一个子儿也不行。老板端详着，说：“好字是好字，只是带着病容，不值不值。”书童回来把老板的话说给王羲之，王羲之说：“嘿，这个当铺老板，我看得起你，你倒牛起来了，好！那我就再写一个。”王羲之又写了一个“当”字，让书童拿去，老板一看，说道：“这个‘当’字虽然比那个‘当’字有力多了，但还是带着孤气和怒气。算了，就这吧，这个字我收了！”于是，当铺的老板交给了书童三十两银子。

王羲之有了钱，又可以重新上路了。他来到杭州，见了朋友，朋友设了一桌好酒招待王羲之，在座的有一位朋友的亲戚，也开了一个当铺，想求王羲之写一个“当”字，当作招牌，王羲之说：“我已经写好了一个‘当’字，你去取回来就是了。”朋友一听，十分高兴，随即安排仆人去取。

王羲之把当票掏出来，交给仆人。仆人带着银两快马加鞭地往苏州而去。到了苏州，见了当铺老板，就要赎回那个“当”字。老板一听他不是本地人，跑这么远就为要回一个“当”字，还以为他是个疯子。不过一看当票是真的，老板想坑他一下，脑子一转，算盘子一拨拉，开口就要他四十两，没想到来人连想都没想，就爽快地掏出四十两给了老板。老板有点儿纳闷，自己明显是在坑他，来人却喜滋滋地掏出四十两银子赎一个“当”字。

于是，老板就问道：“请问，这个字有什么珍贵的？”仆人说：“这是大书法家王羲之的真迹。您老先生有眼不识金镶玉，再会喽！”当铺老板一听是大书法家王羲之的真迹，着急了，连忙喊道：“你回来，我拿五十两银子要了你的‘当’字，要不一百两，一百两！怎么样?”仆人听都没有听，立刻又连夜赶回到杭州。见了王羲之，交出了那个“当”字。

王羲之接过来看都没看，“嚓嚓”两下把那个字撕了个粉碎。大家都觉得可惜得不得了，一步晚了，没能救出那个“当”字。王羲之却笑笑说：“生意人经商，最重要的是一个‘和’字，和气生财，这个字是我病后心情不好的时候写的，带着几分怒气，不好不好，我现在再给你写一个，保准你挂出去能财源滚滚，生意兴隆。”

于是，杭州的朋友立刻展纸磨墨，王羲之运笔写下一个很有力的“当”字。在场的朋友们无不称奇，人人都夸这个“当”字写得极好。这个“当”字经高级工匠刻制，挂在杭州城的通衢大道处，非常醒目，当铺的生意此后也颇兴隆。从那以后，杭州的当铺就成了全国当铺的招牌。

还有一次，王羲之到蕺山的一个村子去，看到有个老婆婆拎了一篮子六角形的竹扇在集上叫卖。那种竹扇很简陋，没有什么装饰，所以丝毫引不起过路人的兴趣，看样子是卖不出去了，老婆婆十分着急。

王羲之看到这情形，很同情那老婆婆，就上前跟她说：“你这竹扇上没画没字，没有什么特色，当然卖不出去。我给你题上字，怎么样?”老婆婆不认识王羲之，但是见他这样热心，也就放心地把竹扇交给他写了。王羲之提起笔来，在每把扇面上龙飞凤舞地写了几个字，就还给老婆婆。老婆婆不识字，但是觉得他写得很潦草，所以很不高兴，嘴里还不停地嘟囔着。王羲之看老婆婆有些不高兴，于是便安慰她说：“别急别急，你就告诉买扇的人，说上面是王右军写的字。”

老婆婆对他的话半信半疑。但是王羲之一离开，老婆婆还是照他的话做了。集市上的人一看真的是王右军的书法，都抢着买。于是，一箩竹扇马上就卖完了。

还有一年腊月，要过年了，王羲之雅兴大发，挥笔写了一副春联：春风春雨春色，新年新岁新景。寓意好，字更好。写完之后，王羲之很是满意。于是，王羲之叫儿子将对联贴在门口，不料，对联贴出后不久，就被人悄悄揭走了。之后，王羲之又写了一副对联：莺啼北里，燕语南邻。谁知这副对联又被那些喜爱他手迹的书法爱好者偷偷揭去了。

临至除夕，急得王夫人不得不催他再写一副对联。王羲之略一沉思，取出了文房四宝，又挥笔写了一副，叫儿子将对联各先贴上半截：福无双至，祸不单行。这半截对联贴出后，果然没有人敢到家门口揭了。初一凌晨，智慧的王羲之又让儿子将春联的后半截贴在下面，于是就变成了下面这副对联：福无双至今朝至，祸不单行昨夜行。街邻一看，没有一个不拍手称妙的。

第八章　书墨永恒

第一节　书圣辞世

升平五年（公元 361 年）的春天，像过去所有的春天一样，在迎来一场飞雪以后，不慌不忙地来了。江南草长，群莺乱飞，有时三点两点雨，到处十枝五枝花。春天是容易引发想象的季节，王羲之却病倒在卧床上，再也无法郊游和踏青了。王羲之微微睁开眼睛，阳光透过窗户洒到屋里，他已经在床上躺了数天了。好像从鬼门关走了一遭，王羲之感到自己呼吸越来越急促，他知道自己时日不多了。

他闭上眼睛，往事都历历在目。那个在池水旁边辛勤练字将池水染黑的少年是自己吗？在周府的宴会上，周𫖮正在将切好的牛心炙夹给自己。在府里，大家都正襟危坐等选婿者，而自己却旁若无人地解开衣襟，吃着胡饼。一顶崭新的官帽戴在头上，第一次出门做官，是秘书郎吧？后来又升了参军、长史、江州刺史、会稽内史……这一路走来，也是坎坎坷坷，想为百姓做些实事，可是怎么就那么难？有那么多人出来阻拦、攻击，真是觉得有心无力，累啊！初春三月，自己和一大帮贤人志士在兰亭修禊、饮酒、赋诗，好不自在！还写下了自己这一生都无法再达到如此高度的《兰亭集序》。在父母的墓碑前，写下了告誓文，与他们告别，与官场告别，尽情地与好友在山水之间享受……想到这些，王羲之的嘴角微微一笑，这一生，就这样，经历了，过去了。

一天，正是落日时分，他自知大限到了，就把儿孙都叫到床前，努力地张了张嘴，但是，却怎么也发不出声音。夫人郗璿赶紧将耳朵凑到他嘴边，但是除了王羲之费力的喘息声，其他什么也听不到。王羲之抬了抬手，可是众人都不明白是什么意思。这时，王献之好像明白了什么，赶紧在书桌上拿起纸笔，交到父亲手中。

王羲之脸上露出祥和的笑容，手中捏着笔，可却怎么也使不上劲，而且够不到书桌。王献之见此情景，就俯身趴下，让母亲将纸放在自己后背上。王羲之用尽自己最后的力气，写了一个“之”字，最后一笔写完之后，满意地舒了一口气，随之笔就掉在了地上，没有人知道他为什么写这个字，就这样，安详地闭上眼睛，走了。

“书圣”王羲之辞世，享年五十八岁。死后，他的家人没有发表讣告，就这样，悄悄地离开了，去另一个世界寻求自己的安静。

关于王羲之的死因，一直是一个谜团，可以说是众说纷纭。主要有以下三种说法：第一说，是病死；第二说，由金庭返朝误时，陛下三传未至，被斩于京；第三说，在金庭修身炼丹，误服药物致死。其中，第三种说法比较常见。王羲之在剡东归隐之后，他又结识了道士许迈。他本来受家族影响，现在时间和精力上得了宽余，便显得更加虔诚了。

除了访道以外，王羲之还性喜服食养生。晋人重养生，又以服五石散为时髦。王羲之也以此来养生。《淳化阁帖》中记载："得足下旃罽胡桃药二种，知足下至，戎盐乃要也，是服食所须。"他的身体状况也因此越来越差，他说，"吾服食久，犹为劣劣"，"服食求神仙，但为药所误"。

另外，从他写给亲戚、友人的书信中也可看出来，他的病情在一天天加重，而且有时也会为自己病情的加剧而感到不安。如："吾顷无一日佳，衰老之弊日至，夏不得有所噉，而犹有劳务，甚劣劣。"（《衰老帖》）"吾疾故尔沉滞，忧悴解日。"（《近得书帖》）"吾昨暮复大吐，小啖物便尔。"（《极寒帖》）"吾食至少，幼劣劣。"（《寒切帖》）"仆脚中不堪沉阴，重痛不可言，不知何以治之，忧深，力不从心，王羲之顿首。"（《且反省》）"仆自秋便不佳，今故不善差。顷还少噉脯，又时噉面，亦不以为佳。亦自劳弊，散系转久，此亦难以求泰。"（《转佳帖》）等。

这些信件，都是极好的书法，在随意挥写中更能看出书法家的功底，因此，被后人称为"法书"，宋太宗将其收入丛帖《淳化阁帖》。可惜的是，这些书信虽然都是上乘的书法佳品，但是其中蕴含的却是一种让人徒增忧愁的信息。也就是说，这实际上是王羲之的“自述病历”。

王羲之的书法被誉为“龙跳天门，虎卧凤阙”，其楷、行、草、飞白等体皆能，如楷书《乐毅论》《黄庭经》，草书《十七帖》，行书《姨母帖》《快雪时晴帖》《丧乱帖》等。遗憾的是，王羲之作品的真迹已难得见，我们所看到的大都是摹本。王羲之对于我国书法的贡献也是多方面的，总体来看，有以下两个方面。

首先，王羲之比前人注重书写的艺术美，使书体更加规范化和写意化，将其在艺术上发挥到出神入化的境界。同时强调线条的浑厚生动，以一种艺术感极强的态度对待行笔的力度、方向、节奏，使书法作品通过线条的起伏流动，通过线条的粗细、曲直、干湿等变化，通过轻重坚柔、光润滞涩的墨痕，传达出人内心的或焦灼或畅达，或甜美或苦涩等情感心绪。线条中流动着书法家的缕缕情思和艺术感觉，这种创造性的可视语言映衬出书法家的精神意志和个性风貌。

其次，在先秦汉魏的书法实用风尚中，首先提出了纯审美的书法欣赏风。这种欣赏已不是一种个人行为，而是成为一个阶层的雅好，一个时代的潮流。王羲之的书法体现了晋人尚意重韵的书风：“须得书意转深，点画之间，皆有意，自有言所不尽，得其妙者，事事皆然。”这可以说是魏晋时“意以象尽”、“言不尽意”的美学思想在书论中的表现。

王羲之强调“意”，主要是指书法家的心性情感对于书法创作的重要性，认为书法可以表现人的内心的悲喜哀乐和意绪情操。其中的“意”还指书法的意趣笔韵，讲求飞动美、错落美、中和美，使整幅作品“气韵生动”。可以说王羲之的风流儒雅，以素笺简牍为书，并以流美的行书作为主要书体，呈现出一种秀丽俊逸的书风。他对自己的书法自视颇高：“我书比钟繇，当抗行；比张芝草，犹当雁行也。”

王羲之去世的消息传到了建康，朝廷谥赠金紫光禄大夫。但他的几个儿子遵照他的遗嘱，固辞不受，坚决不肯接受。圣人其萎，全无挂碍，就像万物之枯死，太阳之西沉，一切归于自然——归于自然之道便是人生最好的终结与归宿。他的身后，留下的文稿、诗稿和大量的尺牍，以后被人不断地摹写、刻石、拓印与印刷，唐时有碑（怀仁集王字《圣教序》），宋有“阁帖”、“澄清”、“大观”，明清有“真赏”、“三希”，他的追随者、学习者、热爱者、崇拜者，历朝历代，多得无法统计。说到书法，以后谁也绕不开这位去世的巨人。

斯人已去，但历史的烟尘掩盖不了他的绝世风华。他的书法，传千古一世，为万世瞻仰。不知道天堂里有没有文房四宝，让他得以一展风采？

第二节　影响深远

自古以来，练习书法者大有人在，但是能够超越王羲之在书法界的成就与影响的却寥若晨星。

王羲之书法的一个主要特点就是平和自然，笔势委婉含蓄，遒美健秀，后人评曰：“飘若浮云，矫如惊龙。”王羲之的书法精致细腻，极富有美学价值和观赏性。他将汉字的艺术美表现得淋漓尽致，也为以后的书法家开辟了新的道路。

王羲之书法的另一个重要的特点，是他的作品中处处流露出一种随心从化，恬淡平静的意境。这一点和魏晋时玄理的盛行是分不开的。玄学讲究顺应自然，自由任情，“不滞于物”。所以魏晋的名士大都“放浪形骸”，好山乐水，徜徉自得。王羲之也不例外，他把这种玄远的风度融入了自己的书法之中。他运笔富于变化，不假雕饰；笔画秾纤折中，超逸优游，有一种晋人特有的风韵。由于运笔达到了随心所欲、无拘无束的境界，内心的情感于是能自然流露于笔端。

王羲之一生在书法上最大的成就在于一变汉魏时期质朴的书风，开创晋后妍美劲健之体，创楷、行、草之典范，后世莫不宗法。并因《兰亭集序》被后人尊称为“书圣”。

王羲之吸取前人书法精华，独创一家，在楷书、行书和草书方面都加以变革。

王羲之首先从变革楷书入手。楷书体也被称为正书体或真书体，它是在隶书体的嬗变过程中形成的一种新书体。在汉简中，已见雏形。早在东汉时期，隶书盛行的时候，楷书已经在民间流行开来。后来，到了东汉末、三国、西晋时期，由于文人士大夫的加工和提炼，形成了不同于隶书的体势，也就是楷书，成为一种趋时的书体。

王羲之的楷书，直接由卫夫人和王廙传授，追溯其根源，隶书属于三国时魏国的钟繇系统。作为初具规模的楷书，钟繇楷书的笔画形态，有的长而逾制，有的临时从宜，一字之内，笔画之间的结构关系尚不明确，因此，规范不全，结合松散，竖短横长，状似扁隶，有横张之势，特别是汉末、三国时期的隶书中那种着意翻挑、飞扬的笔势，在他的楷书里十分明显。但是，这种现象在王羲之的楷书中已大为改观，代之以回锋收笔、规整匀称的楷势。

王羲之为了摆脱魏晋以来楷书的“古质”，在结字、点画、书态等各方面都加以变革，使楷书结体趋向匀称俊俏，点画细微之处也蕴蓄变化，更加挺拔多姿。王书将纵向笔画向下伸引，使其挺直，用笔内其他点画对称呼应，所以有纵展的趋势。

王羲之的楷书“俱变古形”，对今体楷书的定型做出了积极贡献。东晋时期，王羲之书写的小楷书，让人耳目一新，已颇受时人的重视。代表作品有《乐毅论》《黄庭经》《东方朔画赞》《太师箴》《洛神赋》《劝进表》等。唐朝初年，唐太宗在收罗王书时，将《乐毅论》《黄庭经》《东方朔画赞》《兰亭集序》等帖均收入内府。

王羲之的变革其次是行书。与楷书一样，两汉时期，行书早已在民间开始逐步流行。从汉简中，也可以看到早期行书的雏形。这种早期的行书也是由隶书的实用书写逐渐发展演变而成的一种新兴的书体。它更加简洁，开张，结体松动，隶味很浓。到了东汉，行书逐渐规范成熟起来，走入上流社会。

张怀《书断》中记载：“行书集大成者是东汉的刘德昇，他被称为‘行书之祖’。刘德昇，‘字君嗣，颍川人，桓、灵之时，以造行书擅名，虽以草创，亦甚妍美，风流婉约，独步当时’。行书体当然不是刘德昇一人所‘造’，但刘德昇有无人可代的整理之功，是完全可以肯定的。钟繇、胡昭二人学书于刘德昇，然风范各异，时称‘胡肥钟瘦’。”

王羲之早年习字，自然不能逾越钟繇和胡昭。王羲之比较了胡、钟两家的书法特点之后，遵照卫氏家族和王氏家族的传统，最终选择了钟繇书风。钟繇行书的特点是撇、捺发育不全，隶书味重，纵画短促，横画粗长，稍逞左倾的横张态势。

从王羲之早期的行书作品《姨母帖》中可以看出，尚残留隶书的横平竖直的书写习惯，用笔起伏、顿按的幅度不大。书写速度也较为平缓，近于匀速，风格古拙质朴，完全没有脱离钟繇法度。

但是王羲之后期的行书作品，风格大变，焕然一新。王羲之的新体行书中锋、侧锋互用，每字即见，运笔速度较为迅疾，有振迅遒劲的风神。由于笔势连贯，笔画之间的呼应关系更加紧密，点画的态势也随之发生相应的变化，例如捺脚，不再是重按后平出，而多作长点状的反捺。

王羲之新体行书的代表作品有：《兰亭集序》《丧乱帖》《孔侍中帖》《游目帖》《快雪时晴帖》《寒切帖》《远宦帖》《上虞帖》等。

他的《兰亭帖》，笔法变化丰富，笔力劲健，速度匀畅，自然含蓄，结体冲和安祥，不激不厉。

《丧乱帖》则笔速较快，跳跃捭阖，行中带草，单字相接，感情激荡，笔画劲落。此二帖是王羲之新体行书的代表作，成为行书的“法典”，为后人所遵循。

梁袁昂在《古今书评》中评价道：“纵复不端正者，爽爽有一种风气。”王羲之的新体行书的笔画体态都有生动的欹侧之势，这种欹侧之势，在结构上遒媚紧敛，势巧形密，蕴藏着一种行而突止、蓄而待发的“势”和“态”，即所谓“龙跳天门，虎卧凤阙”。字与字之间有起承转合的映带，似断若连，如“烟霏露结”。这类风格的行书，在王羲之作品中占有很大比例，是他行书风格的主调。

东晋人士崇尚华美，时风趋新厌旧，王羲之的新体行书一出成了达官贵族、士大夫文人模仿的范本，从而结束了钟繇行书统领书坛的时代。

王羲之最后的变革是草书。早在秦末汉初，草书就已经萌芽了。草书一出现，就引起了汉代人学习书法的新一轮高潮。汉代人学习草书，可以废寝忘食，可以不分昼夜，可以画地刿壁，十天写坏一支笔，一月用了数丸墨。草书成为最能体现书家艺术个性的书体，因此一出现，就立刻受到文人和书法家的顶礼膜拜，心慕手追。汉魏时期的草书，大多是保留着隶书笔意的章草，小部分是比章草书写更为简便的今草的雏形。

二者的区别在于：前者字字独立，大小相等，笔势不连贯，波挑多；后者字可与字相连，大小参差，随意自由，使转多。

汉末出现了一些草书大家，如崔瑗、杜度、罗晖、赵袭等，其中最杰出的代表就是张芝。张芝得杜度、崔瑗之法，更加精巧，独步无双，故有“草圣”之称。三国两晋时期的书法家，若学习草书，多以张芝为楷模。张芝的草书，因所处时代的局限性，尚未脱离隶书法度，实为章草。张怀《书断》曾说：“后世谓之章草，惟张伯英造其极焉。”

王羲之学习草书的蓝本，是由王羲之的叔父王廙所赠索靖的《七月二十六日帖》。

王羲之章草传世作品甚少，代表作品有《豹奴帖》。他的章草，写得非常精美，令人叹服。后人赞赏的是王羲之变革之后的今草书体。其中《十七帖》是王羲之今草书的代表作品。《十七帖》是称情疾书的尺牍。尺牍既是一种文体，又是一种形式，是魏晋以来文人书法的主要载体。

北宋文学家欧阳修说：“余尝喜览魏晋以来笔墨遗迹，而想前人之高致也！所谓法帖者，其事率皆吊哀候病，叙暌离，通讯问，施于家人朋友之间，不过数行而已。盖其初非用意，而逸笔余兴，淋漓挥洒，或妍或丑，百态横生，披卷发函，灿然在目，使骤见惊绝，徐而视之，其意态如无穷尽，使后世得之，以为奇观，而想见其为人也！”

《十七帖》正是这样一种堪称法帖的尺牍。通篇不假修饰，结构在疾书的情状下随势生发，随机变化。技法与才情，理性与感性，自然地融为一体。

王羲之的书法可以说是众体皆备，而主要成就在楷书和行草书，尤其是行书。其书法具有温润超迈、神俊典雅的美学特征。传世作品据张彦远《法书要录》记载有四百六十五余种，由于朝代更迭，战乱频仍，至今已无任何真迹流传下来，现所能见到的多为摹拓本和以真迹为蓝本的刻本。

王羲之建树的不只是一种风格，一种境界，还是一个书法艺术的体系。在这个博大的体系内，有严肃，也有飘逸；有对立，也有和谐；有法则，也有自由。于是，各种各样的书法家，都能把它当作伟大的典范，从中汲取他们各自所需要的营养。王羲之建立的这个体系，又像一把审美的无形尺子，衡量着中国历代书法的优劣。

明代的评论家项穆在《书法雅言·取舍》中曾说："逸少一出，会通古今，书法集成，模楷大定。自是而下，优劣互差……智永、世南，得其宽和之量，而少俊迈之奇。欧阳询得其秀劲之骨，而乏温润之容。褚遂良得其郁壮之筋，而鲜安闲之度。李邕得其豪挺之气，而失之竦窘。颜、柳得其庄毅之操，而失之鲁犷。旭、素得其超逸之兴，而失之惊怪。陆、徐得其恭俭之体，而失之颓拘。过庭得其逍遥之趣，而失之俭散。蔡襄得其密厚之貌，庭坚得其提衄之法，赵孟得其温雅之态。然蔡过乎抚重，赵专乎妍媚，鲁直虽知执笔，而伸脚挂手，体格扫地矣。苏轼独宗颜、复兼张。苏似肥艳美婢，抬作夫人，举止邪陋而大足，当令掩口。米若风流公子，染患痈疣，驰马试剑而叫笑，旁若无人。数君之外，无暇详论也。"

项穆的评判或许有失绝对，但也足以说明王羲之书法体系对后世的巨大影响。

王羲之采众家之长，对于楷书、行书、草书都进行了变革，对于后世的影响极其深远。

第三节　千古流芳

中国书法史上虽推崇王羲之为“书圣”，但并不把他看作一尊凝固的圣像，而只是看作中华文化中书艺创造的“尽善尽美”的象征。事物永远是发展的、前进的，王羲之在他那一时代到达“尽善尽美”的顶峰，这一高峰必将召唤后来者在各自的时代去登攀、去创作新的书艺顶峰。

王羲之的书法和精神影响了一代又一代的习书爱好者。王羲之书圣地位的确立，不是一蹴而就的，有其曲折漫长的演变过程。

历史上第一次学王羲之书法的高潮在南朝梁，第二次则在唐代。这两次学王高潮有两个重要的推动人物，一个是梁武帝萧衍，另一个是唐太宗李世民。

梁武帝萧衍是历史上第一位开始重视王羲之书法的皇帝。一开始，王羲之的书法并没有得到大家的普遍认同，处于无人问津的状态。许多人认为他的书法“不胜庾翼、郗愔”，后来学习王羲之书法的人才慢慢由少到多，渐成风气，这一点引起庾翼的不满，但是当时庾翼无法扭转时人学王羲之字体的风气潮流，后来庾翼对于王羲之书法的看法也逐渐改变，表示“叹服”。

萧衍（公元 464 年—公元 549 年），是我国南朝梁的第一个皇帝，世称梁武帝，也是当时著名的书法家。南北朝时期的梁武帝、梁元帝、宋武帝、宋明帝、齐高帝、齐武帝等皇帝都擅长书法，其中以梁武帝书法成就最高。

王羲之去世后一百余年间，书法排位“首先是王献之，其次是王羲之，最后是钟繇”，直到梁武帝时期，他将其转变为“首先是钟繇，其次是王羲之，最后是王献之”。

在《观钟繇书法十二意》中，萧衍云：“子敬之不迨逸少，犹逸少之不迨元常。”虽然王羲之仍排在钟繇之后，但超过了王献之，这已经是极大的转变。

另外，南朝梁庾肩吾《书品》，也列王羲之书法为“上之上”，因而舆论遂定。

梁武帝时期，就开始有人仿冒王羲之的书法，当时内府秘藏的王羲之书迹已经杂有不少赝品。梁武帝搜集过王羲之、王献之的书法作品达一万五千纸以上，只是后来兵乱毁失，所以留存很少。

梁武帝与陶弘景书信来往殷勤，大多是讨论王羲之书法及其真伪的。

梁武帝推崇王羲之的书法主要有以下两方面。一方面，梁武帝对前朝流传下来的王羲之书法进行整理鉴定，辨别真伪；另一方面，他又将定为真迹的墨宝勾摹出许多副本，提供给王室子弟作为学习书法的范本。

智永《题右军乐毅论后》记载，王羲之的《乐毅论》“梁世模出，天下珍之，自萧、阮之流，莫不临学”。梁武帝赞誉右军道：“王羲之书字势雄逸，如龙跳天门，虎卧凤阙，故历代宝之，永以为训。”这句话成为后人评价王羲之书法的重要依据。

古人把精通一技或身怀绝技者称为“圣”。葛洪第一次使用了“书圣”这个概念，但是他所推崇的书圣是三国时期“善史书”的皇象、胡昭。羊欣也提到了书圣：“张芝、皇象、钟繇、索靖，时并号书圣。”这些都是前朝名家，也没有提到王羲之。

王羲之“书圣”地位的真正确立要追溯到唐朝，唐朝也是学习王羲之书法的第二次高潮。而唐太宗李世民在策划、包装、促使王羲之走上圣坛的过程中功不可没。

唐太宗极度推崇王羲之，不仅广为收罗王羲之的书法作品，而且亲自为《晋书》撰《王羲之传》，叹曰：“旷观古今，堪称尽善尽美者，其惟王逸少乎！”他还搜集、临摹、欣赏王羲之的真迹，《兰亭集序》摹制多本，赐给群臣。

据史料记载，唐太宗收藏御内的书法作品达两千两百九十多纸，其中以王羲之的书迹最多。他还将褚遂良“召入侍书”，并加以重用，专门整理、鉴别王羲之的书法。又让释怀仁用王字集成自己所撰的《圣教序》，不仅开创了集字成碑帖之先河，而且此书一成也随即成为学习王羲之书法的范本而广为流传。

在中国书法史上，帝王以“九五之尊”而大力倡导一个人的书法的人，恐怕再也没有比李世民更为甚者。唐太宗无疑是把王羲之推为圣人的一个重要人物。

李世民为何独爱逸少？

这当然与他身为帝王有着极大的因素，李世民虽然不是大唐第一个皇帝，但是他与大唐的建立密不可分，作为一个想有所作为的皇帝，有一种谨严振奋的治世精神，也要求艺术有一种既能继承传统又能开创新业的精神，他也正是在这一意义上肯定王羲之的书法精神和其成就的。

李世民不喜欢东晋之后日益形成的妍媚之气，十分鄙视这种书风的代表，他渴望王羲之书法精神能够在他的时代得以传播，建立起大唐的“王羲之精神”。

李世民把王羲之推上圣坛，除了亲自为他作传论外，还做了其他几件事。一、“唐太宗曾于贞观初年下诏，出内府金帛征求王羲之墨迹，命魏徵、虞世南、褚遂良加以鉴识编目，又御选拓书人精工拓模，使广为流传。”二、不仅亲为王逸少作传，自己也锐意临习，还“令诸太子临写王字”。三、唐太宗很多时候对文武百官的赏赐并非钱帛之类，而是名重当朝的书法大家临摹的王体书法作品，尤其是《兰亭集序》。

自古以来，帝王所好者下必效之。唐太宗李世民曾评论钟繇则“论其尽善，或有所疑”，论献之则贬其“翰墨之病”，论其他书家如子云、王蒙、徐偃辈皆谓“誉过其实”。通过比较，唐太宗认为只有右军的书法才“尽善尽美”，“心慕手追，此人而已，其余区区之类，何足论哉”。可见太宗皇帝对王羲之书法的喜爱之情溢于言表。

于是受太宗皇帝的影响，一时之间，朝野上下，争学王书，蔚然成风。在书法史上，后人记住了王羲之，也因此记住了李世民。

从此，王羲之在书学史上的地位被确立并巩固下来。唐代欧阳询、虞世南、褚遂良、薛稷和颜真卿、柳公权，五代杨凝式，宋代苏轼、黄庭坚、米芾、蔡襄，元代赵孟頫，明代董其昌，历代书学名家无不皈依王羲之。

宋代姜夔酷爱《兰亭集序》，日日研习，常将所悟所得跋其上。有一跋云：“廿余年习《兰亭》皆无入处，今夕灯下观之，颇有所悟。”历时二十多年才稍知入门，可见释读之难：一千六百多年来无数书法家都孜孜不倦地释读过，何尝不想深入羲之的堂奥，但最终只能得其一体而已。

清代虽以碑学打破帖学的范围，但王羲之的书圣地位仍未动摇：“书圣”、“墨皇”虽有“圣化”之嫌，但世代名家、巨子通过比较、揣摩，无不对王羲之心悦诚服，推崇备至。

梁武帝、唐太宗、宋仁宗、宋高宗、康熙、乾隆等历代皇帝都与王羲之及《兰亭集序》有着千丝万缕的联系。也正因为古代封建帝王对王羲之书法的喜爱与推崇，所以才促成了东晋以后中国书法史的发展和时为以王羲之书法为正宗的局面。

第二篇　流传千古王献之

第一章　少年献之

第一节　父子相承

历史上，父子薪火相传，名垂青史的也不乏其人，但是像王羲之与王献之父子二人，在书法上都取得极高的成就，被后人尊称为“二王”的，实属罕见。

王献之（公元 344 年—公元 386 年）是王羲之的第七个儿子，字子敬，小名官奴。他上面有六个哥哥，在书法上也都成就不凡。

北宋晚期重要的文字学家、书法家、书学理论家黄伯思曾在《东观徐论》一书中写道：“王氏凝、操、徽、涣之四子书，与子敬（献之）书具传，皆得家范而体各不同。凝之得其韵，操之得其体，徽之得其势，涣之得其貌，献之得其源。”

可见，王羲之的儿子们也都受其熏陶，得其真传，在书法上有一定的造诣。

大哥王玄之，字伯远，工草书和隶书。其妻何氏。玄之在婚后不久就病逝了，身后无子，以其弟王凝之之子王蕴之为嗣。玄之生前曾参与父亲王羲之主持的兰亭聚会，有帖流传于世。其在兰亭聚会所作诗一首：

松竹挺岩崖，
幽涧激清流。
消散肆情志，
酣畅豁滞忧。

二哥王凝之，字叔平，擅长草书、隶书。任过江州刺史、左将军、会稽内史等。是谢奕之女谢道韫的丈夫。谢道韫，字令姜，是历史上有名的才女，她的一句“未若柳絮因风起”被大家称道。

王凝之能够娶谢道韫为妻，也是机缘巧合。据说，谢安为他这个珍爱的侄女选婿的时候，起初看中的并不是王凝之，而是“乘兴而行，兴尽而返”的王徽之。谢道韫不仅文采出众，而且胆识过人，可谓是女中豪杰。

王凝之在任会稽太守之时，孙恩叛乱，谢道韫劝谏了丈夫几次，告诉他面对强敌进犯，应当积极备战，而不是在家闭门祈祷百姓不遭涂炭。王凝之却一概不理，他不相信跟他志趣相投的孙恩会起兵谋反。等到孙恩大军长驱直入冲进会稽城，城里百姓都被杀之后，他才不得不相信这个现实。

但此时的他依然不组织军队抵御，而是踏星步斗，拜神占卜，说是请下鬼兵守住各路要津，贼兵不能犯。结果城被攻破，王凝之仍然不相信孙恩会杀他，所以并不着急逃走。结果被一刀枭首。

王凝之就这样死得糊里糊涂，让人哭笑不得。而此时的谢道韫，面对虎狼叛军，竟然镇定自若，手持兵器带着家中女眷凛然面对杀人魔王孙恩，奋起杀贼。终因寡不敌众被俘，孙恩也不由得心生怜悯，竟不敢伤她。孙恩要杀她的外孙刘涛，谢道韫亢声而辩："事在王门，何关他族？此小儿是外孙刘涛，如必欲加诛，宁先杀我！"字字铿锵，掷地有声，实在是令人敬佩。

孙恩之前就曾听说过谢道韫是一位才华出众的女子，今日又见她毫不畏惧，处之泰然，顿生敬仰之情，非但没有杀死她的外孙刘涛，还派人将他们送回会稽。

三哥王涣之，善行草书。也有幸参加了传誉千古的兰亭聚会，留有兰亭诗一首：

去来悠悠子，
披褐良足钦。
超迹修独往，
真契齐古今。

四哥王肃之，字幼恭，历任中书郎、骠骑咨议。也参加过父亲王羲之主持的兰亭聚会，并有诗流传于后，只是不见其法帖传世。其在兰亭集会上所作兰亭诗为：

嘉会欣时游，
豁尔畅心神。
吟咏曲水濑，
渌波转素鳞。

五哥王徽之，字子猷，善正草书，后世有传帖《承嫂病不减帖》、《新月帖》等。曾历任车骑参军、大司马、黄门侍郎。但生性高傲，放诞不拘，当时的人们都钦佩他的才能，但是对他的行为不敢苟同。

王徽之在当时就大名鼎鼎，最脍炙人口的便是他夜读左思《招隐诗》，忽然想起了戴安道，于是就趁着大雪前去拜访的故事。但他到门口而不入，还留下了几乎堪称魏晋风流之典范的一句话："吾本乘兴而行，兴尽而返，何必见戴?"好不潇洒!

王徽之本身对政治事务并不热诚，生活上"不修边幅"，即使是做了官，担任大司马桓温参军的时候，也是"蓬首散带"，"不综府事"，还时常东游西逛，连他的顶头上司桓冲也不放在眼里。

他担任车骑将军桓冲的骑兵参军之时，有一次，桓冲问他："你管理什么部门?"王徽之漫不经心地回答说："好像是管马的。"桓冲又问："那你管多少马?"王徽之回答说："我不懂有关马的事，又怎么会知道马的匹数?"桓冲又问："那马匹近来死了多少?"王徽之回答说："我连活马的事都不知道，怎么会知道死马的事?"

还有一次，王徽之在路上行走，偏巧这个时候下起了大暴雨，桓冲的车路过，他想都没想，就跑进车里，还振振有词地对桓冲说："这车这么大，你怎么能够一人独享呢?"

后来索性学习父亲王羲之，辞官退居山阴（今浙江省绍兴市)。王徽之性情直率，与弟弟献之感情深厚。献之去世后，家里人怕徽之经受不住这样的打击，于是就瞒着他。

有一天，王徽之问身边侍候他的人说："为什么一点儿也没有听到子敬的音讯？这是已经去世了!"说话时一点也不悲伤。

徽之不顾家人的阻拦，执意要去奔丧，他直接走到弟弟献之的灵床前坐下，然后拿过献之的琴弹了很久，琴声都走了调，徽之叹息说道："献之啊，人和琴都长逝了。"说完就一头栽倒在地，他原本就患有背疮，这一摔，背疮溃裂，一个多月之后也去世了。

六哥王操之，字子重，善草隶，流传于世的有《淳化阁帖》。也参加过兰亭集聚会。历任秘书监、侍中、尚书、豫章太守等职。其妻贺氏。贺氏祖父为司空贺循（"司空"是其死后的封号，贺循为其名。善属文，博览群籍，与纪瞻、闵鸿、顾荣、薛兼等齐名，号为"五俊"。），其子靖之后过继给献之为子。

王献之还有一个姐姐王孟姜，是王羲之唯一的女儿，成人之后嫁给了浙江余姚的刘畅，生有一子一女。儿子刘瑾，颇具有才气，曾经担任过尚书、太常侍卿等官职。女儿刘氏，后嫁与谢奕之孙，生有一子，即后来著名的诗人谢灵运。

这里有一个有趣的文化现象，王羲之的儿子们名字中都带有"之"字。按理来说，魏晋时期应相当重视避讳，父子的名字中不应出现相同的字，而且同一个字在名字中，一般是表示同辈人。而王羲之与他的儿子们却都将"之"字作名字，这是为何呢？

其实，著名史学家、古典文学研究家、诗人陈寅恪先生曾经在《崔浩与寇谦之》一文中作过详细的解释："盖六朝天师道信徒之以'之'字为名者颇多，'之'字在其名中，乃代表其宗教信仰之意，如佛教徒之以'昙'或'法'为名者相类。东汉及六朝人依《公羊春秋》讥二名之义，习用单名。故'之'字非特专之真名，可以不避讳，亦可省略。六朝礼法世族最重家讳，如琅琊王羲之、王献之父子同用'之'为名，而不以为嫌犯，是其最显著之例证也。"

由此可见，王羲之与他的儿子们都用“之”字作名字，有两种主要原因。一是因为“之”字是道教的信仰标志，而王羲之一家又都信道，所以将“之”作为其名字的一部分。二是“之”字并没有被当时的人们看作其名字的一部分，如王献之在《晋书》中作“王献之”，而在《初学纪》一书中作“王献”。

由于这两个原因，所以王羲之一族认为没有避讳的必要，另外王羲之的孙辈中名字带有“之”字的有 12 人，曾孙辈中有 13 人。由此也可见，他们对于“之”字的钟爱。

王氏一族可以说是名人辈出，个个不凡，但是王羲之的儿子们中在书法上取得成就最高的还是要数王献之。王献之的书法艺术，不仅仅是王羲之书法的忠实步武者，而是不墨守成规，大胆地寻求自我的突破，追求“我自为我”“自有我在”的境界。

在他的传世书法作品中，也不难看出他对家学的承传，以及自己另辟蹊径的踪迹。前人评论王献之的书法为“丹穴凰舞，清泉龙跃。精密渊巧，出于神智”。他的用笔，从“内拓”转为“外拓”。王献之的小楷书以《洛神赋十三行》为代表，用笔外拓，结体匀称严整，如大家闺秀，姿态妩媚雍容，让人陶醉。

他的草书，更是为人称道。俞焯曾说：“草书自汉张芝而下，妙人神品者，官奴一人而已。”他的传世草书墨宝有《鸭头丸帖》《中秋帖》等。

《鸭头丸帖》是王献之的行草书作品的精品，行草，共十五字，两行，文曰：“鸭头丸，故不佳。明当必集，当与君相见。”这是王献之给友人的便札。真迹现存于上海博物馆。

《鸭头丸帖》两层意思，蘸墨两次，一次一句，墨色都由润而枯，由浓而淡，墨色分明，从而展现出全帖的节奏起伏和气韵自然变化。

清代吴其贞在《书画记》里对此帖推崇备至，认为："（此帖）书法雅正，雄秀惊人，得天然妙趣，为无上神品也。"

此外，王献之还创造了"一笔书"，将张芝的章草和其父王羲之的今草又向前推进一层，变其父上下不相连之草为相连之草，往往一笔连贯数字，由于其书法豪迈气势宏伟，故为世人所推崇。

草书名作《中秋帖》便是其"一笔书"的代表作，《中秋帖》共二十二字，神采如新，片羽吉光，世所罕见，笔势连续不断，宛如滔滔江河，一泻千里，表现出一种雄姿英发的飒爽之气，世人评价甚高，清朝乾隆皇帝将它收入《三希帖》，视为"国宝"。

后人评论王献之"行草之外，更开一门"，其书则"有若行风雨散，润色开花，笔法体势之中，最为风流者也"。对于王献之来说，冲破父亲王羲之的樊篱，别开一门，展示自己有别于王羲之风格的新的气度，无异于在一座高峰面前重新耸立起另一座高峰，其所经历的路程可谓十倍艰难于他人。可是，王献之成功了，书坛冉冉升腾起一颗耀眼的新星！

从此，便"书至子敬，尚奇之门开矣"。

第二节　少有美誉

王献之虽是王羲之的最小的儿子，但是自幼聪明好学，在书法上专工草书、隶书，也善画画。王献之从小就立有大志，要像父亲那样勤学苦练，成为一个大书法家。

他参加永和九年（公元 353 年）的兰亭聚会时，还不满十岁，当时参与盛会的那些名士，以及父亲一气呵成、千古流芳的《兰亭集序》都让他深受感染，他下决心要好好学习书法。他每每见到古人的书法名迹，总要爱不释手细心观看，待到把它的字体特征、笔画形态及结构布局等方面有个通盘的考虑后，再动手下笔，临写数十遍乃至百遍，直到心领神会为止。

王献之五岁时开始学习书法，《西溪丛语》中有这样的记载：“卫夫人，王逸少师。善钟法，能正书，入妙能品。王子敬，年五岁，已有书意，夫人书《大雅吟》赐之。”这里所说的“子敬”就是王献之。可见卫夫人不仅仅做过王羲之的老师，还做过王羲之的儿子王献之的老师。而王氏父子也都不负恩师卫夫人的厚望，在书法上取得了极高的成就。

王献之一开始师承卫夫人，后来卫夫人去世之后，他便跟随父亲学习书法，还学习到了“枕中秘”——《笔论》，再加上王献之在书法有一定天赋，所以虽然年纪不大，但是书法已经练到有模有样了。

有一次，王羲之看王献之正聚精会神地练习书法，便悄悄走到他背后，突然伸手去抽王献之手中的毛笔，但是王献之握笔很牢，所以没被抽掉。父亲王羲之很高兴，夸赞道：“此儿后当复有大名。”小献之听后心中沾沾自喜。

还有一次，桓温让王献之在扇子上写字，王献之毫不推辞，挥笔便写，但是突然笔墨落扇上，把字污染了，眼看这幅字就要毁掉了，但是王献之灵机一动，索性顺势画成“乌驳牸牛”图，一只小牛栩栩如生于扇面上，尤为妙绝，又在扇面上写《驳牛赋》，可谓是机敏过人。在场的人没有一个不夸赞王献之聪明的。

人得到了一些夸奖，总是难免会有些骄傲，沾沾自喜。有一天，小献之问母亲郗氏：“母亲，您看，我现在的字写成这样，只要再写上三年就行了吧？”母亲郗氏摇了摇头。小献之又问：“那五年总行了吧？”母亲郗氏还是摇了摇头。小献之急了，冲着母亲说道：“那您说究竟要多长时间我才能练成啊？”母亲笑而不答，这时有一个声音说道："孩儿啊，不要着急，练字不是一朝一夕就能完成的，要慢慢来。你要记住，写完这院里的十八缸水，你的字才会有筋有骨，有血有肉，这样才会站得直，立得稳。"小献之一回头，原来是父亲站在了他的背后。

王献之心中不服，但是什么都没说，一咬牙又练了五年，挑选了一大堆写好的自己满意的字拿给父亲看，希望能够听到几句表扬的话。可谁知，王羲之一张张地掀过，一句表扬都没有，而且还一个劲儿地摇头。直到掀到一个"大"字的时候，父亲脸上现出了比较满意的笑容，随手在"大"字下添了一个点，然后将其他的字稿全部退还给了王献之。

小献之心中仍然不服，又将全部的习字抱给母亲看，并对母亲抱怨道："我又练了五年，并且是完全按照父亲的字样来练习的。您仔细看看，我和父亲的字还有什么不同？"母亲接过这一大堆习字，认真地看了一遍，最后指着王羲之在"大"字下加的那个点儿，叹了口气说："吾儿磨尽三缸水，惟有一点似羲之。"王献之一看原来就是父亲王羲之添的那一点儿，献之听了母亲的话之后像泄了气的皮球，有气无力地说："难啊！这样下去，什么时候才能练出一手好字呢？"母亲见他的骄傲之气已经消尽了，就鼓励他说："孩子，不要心急，你只要像这几年一样坚持不懈地练下去，就一定会达到目的的！"

王献之听完母亲的话后深受感动，又锲而不舍地练下去。终于，功夫不负有心人，王献之练字用尽了十八大缸水，在书法上果然是突飞猛进。后来，王献之的字也到了力透纸背、炉火纯青的程度。

王献之少有美誉，《晋书》上说他"少有盛名，而高迈不羁，虽闲居终日，容止不怠，风流为一时之冠"。王献之年幼时就处变不惊，镇静自若。

“尝与徽之共在一室，忽然火发，徽之遽走，不遑取履。献之神色恬然，徐呼左右扶出。”大意是说，有一次，王献之与哥哥王徽之在屋内，突然间房子着火了，这时王徽之连鞋子都没来得及穿便仓皇而逃，可是献之却神情怡然，不慌不忙，还慢悠悠地叫身边的人前来扶他出去。

《晋书·王献之传》中还记载了这样几则故事。王献之年幼时，曾经看到几个门生在玩一种棋类游戏——樗蒲，就说：“南边将要失利。”门生却说：“这小儿郎管中窥豹，略见一斑呢。”王献之发怒道：“我远的不及荀奉倩，近的比不上刘真长。”说完便拂袖而去。荀奉倩和刘真长是当时的两位大名士，他们终生与高门贵族来往，不与下人底层交流，而门生就是下人底层之辈，王献之说这话的意思就是后悔与门人搭腔说话，他们真是不知好歹，不明白自己的用心。

有一天，王献之随兄长王徽之、王操之等去看望谢安。王徽之、王操之议论世事，滔滔不绝。但是王献之只随便说了几句问候寒温的话，便不再言语。离开谢家之后，客人问谢安王氏兄弟的优劣，谢安说：“小的优。”客人问其原因，谢安回答说：“大凡杰出者，一般都少言寡语，因为他不多言，所以我知道他不凡。”

还有一天夜晚，王献之睡在书房里，一群小偷儿潜入房中，将室内东西偷得精光。王献之丝毫不畏惧，慢悠悠地说道：“小偷儿，青毡是我家祖辈的遗物了，只请你们留下这毡子吧。”王献之的这番话吓得一群小偷儿惊慌而逃。

从这些故事中我们都可以看出，王献之从小就表现出与常人不同的气质，聪明智慧，临危不惧，有大将风范。其实，受时代的影响，他还有另外一面。魏晋时代，风流名士辈出，是名士必风流，这里的“风流”是指士人的风度，言行脱俗，不拘礼教，又有几分矜持与傲慢。当时，王献之无疑是风流名士中的佼佼者。王献之放荡不羁，率真随性，孤高傲世。

有一次，王献之从会稽经过吴郡，听说顾辟强有座著名的花园，本来与顾辟强素不相识，但经过顾辟强的庄园时，王献之不打一声招呼便乘坐轿子直入花园。这时的顾辟强正在花园里宴请宾客朋友，而王献之进去游赏，旁若无人，对顾辟强等人也不加理睬。游览结束后还指手画脚，大加评论一番。本来私自进人家的园里已经很不礼貌了，还对人家家里指指点点，因此引起主人顾辟强的勃然大怒，他指责道：“这是谁啊？在主人面前还这么傲慢不逊，是非礼；倚仗富贵在士人面前骄矜自满，是无道。有这两样过失的，必定就是一个不足挂齿的粗俗之人。”便将他赶出园门。王献之仍是一副傲慢的样子，毫不在意，不屑与之计较，拂袖而去。

王献之清高整峻，不交非类。《世说新语·忿狷》中记载说，有一次王献之去谢安家做客，当时才华出众的士人习凿齿也在座。按照当时的礼节，王献之应当与习凿齿并榻而坐，但他坚决不肯，主人谢安只好请他与习凿齿对面而坐。王献之之所以不愿意“与习并榻”，而是“与习对榻”，原因是习凿齿出身寒士而且又有足疾。

南朝宋刘谦之在《晋纪》中写道：“王献之性整峻，不交非类。”所谓“非类”就是身份、门第等不相类的人，“不交非类”就是不与这些人交朋友。其实，王献之“不交非类”是受井丹的影响。井丹，字大春，东汉郿地（今陕西省眉县）人，年轻时学习于太学，通五经，善谈论，京师人都议论说：“五经纷纶井大春。”据说，他为人非常清高，从未屈膝伺候人，更不屑攀龙附凤。

《晋书·王徽之传》中记述了王徽之与王献之兄弟俩夜读嵇康文章的情景："尝夜与弟献之读《高士传赞》，献之赏井丹高洁，徽之曰：'未若长卿慢世也。'其傲达若此。"长卿，就是司马相如，西汉大辞赋家、文学家、政治家。可见，王献之十分仰慕井丹。嵇康在《井丹赞》写道："井丹高洁，不慕荣贵，抗节五王，不交非类。"

王献之率性直言。有一次，王子敬对王孝伯说："羊叔子自复佳耳，然亦何与人事？故不如铜雀上伎。"意思是说，王献之对王孝伯说："羊叔子这人自然是不错，但是与我们这些人何干呢？还不如铜雀台上的那些歌舞伎女呢。"羊祜，字叔子，西晋重臣，文武全才，为官清廉，立身清俭，又以清德被人称道，人称"羊公"。他死后"南州人闻公丧，号哭罢市"。襄阳的百姓还为其建碑立庙，众人看到碑都会忍不住落泪，于是又称其碑为堕泪碑。因为"祜"与"户"同音，荆州人唯恐对羊祜不尊敬，于是将户称为门，将户曹称为辞曹。

王献之心直口快，对羊祜如此不敬，也可能是因为羊祜曾经反对并批评过他的祖父王衍、王戒好信口雌黄、不结合实际的空谈之风的缘故，故而对羊祜心怀不满所致。

王献之也颇自负，王献之的书法有了一定的名气之后，自然就有人拿他与父亲王羲之来比较。虞和的《论书表》中记载，谢安尝问王献之："君书何如君家尊？"答："固当不同。"谢安又问："外人论不尔殊。"子敬答曰："世人哪得知。"大意是说，有一次，谢安问王献之："你的书法和令尊比起来，怎么样呢？"王献之回答说："本来就是各有千秋。"谢安又说："外界的议论并不这样看啊！"王献之接着又说："世上的人哪里会真正懂得呢？"

好一个“固当不同”！好一个“世人哪得知”！王献之不理会公众的舆论。但是，王献之也实事求是，虚心进取。

有一次，王羲之去京都，临行前曾在墙上题字。走后献之悄悄擦掉，题上自己的字，认为写得不错。待王羲之回家来，见到后叹息道：“我临走时真是喝得大醉了，才将字写成这般。”王献之听后，内心感到十分惭愧，觉得自己与父亲还是有一定的差距，于是下决心好好习字。

王献之虽有张狂的个性，但是也有虚心的态度，他敢于大胆地一反圣贤，排斥礼法，否定束缚，回归真实自由的人生境界，这也表现出他反对盲目崇拜，敢于超越前人的不凡气度，也正因为如此，他才能突破父亲的书法框架，创造出自己的书法特色。

如果说王羲之以“骨鲠”而著称的话，那么王献之就是以“孤高”而闻名于世了。由于他在书法上的盛名，当时请他题字写字的人很多。

有一次谢安也找上门了，让他为太极殿题榜，以流芳百世。但是谁也没有想到，他不给面子推辞了。就是这样一种宠辱不惊的人生风范让他以“孤高”而闻名。

不过，这种自由潇洒也是要有资本的，必得以一生的磨砺和心血的浇灌为代价。如果不是他七八岁时便开始临池而书，如果不是染黑了家里贮水的十几口大缸，如果不是笔成冢、墨成池，怎么会成为这样一个名垂青史的书法家？他循序渐进地掌握数不清的笔法、章法、墨法等技巧，还需要时不时地提醒自己要小心不被名利之索羁绊，要放弃尘俗而不断品味冷清、孤寂和苍凉，然后才能超然神会，推陈出新，进入到融汇百家而自成一家的境界，这又何尝容易？

对于王献之来说，真正把自由的个性发挥到淋漓尽致的程度，并形成自己独特风格的还是他的书法。“偶其兴会，则触遇造笔，皆发于衷。”在王献之那里，写字是随心所欲的，是精神诉求的释怀。

据传，有一天，王献之漫无目的地在会稽城的小巷里闲逛，见一堵刚刚粉刷的墙壁又白又净兀立在前边，好像一张刚刚铺就的白宣纸！他忽然来了灵感和激情，便以扫帚为笔，用泥汁作墨，径自在那粉墙上横扫。在白墙壁上书写一丈那么大的一个“一”字，笔锋萧脱逸美，很有气势，天天有人来观赏，如同闹市。王羲之看到后，赞赏写得漂亮，问是谁的手笔，人们告诉他是你的小儿子七郎献之写的。于是王羲之给亲族写信，夸赞子敬的飞白大有长进。

献之书写飞白一事，一时之间，轰动全城，街头巷尾人们都议论纷纷，争相观看，古之会稽人也算是大饱眼福了。

第二章　成家立业

第一节　患难夫妻

转眼之间，献之已经年近弱冠，到了谈婚论嫁的年纪了。其父王羲之本就是一个美男子，献之继承了其父的优点，又在此基础上多了几分高雅的气度，身材伟岸，器宇轩昂。

东晋时期，大家都认同的美男子形象是王献之与前面提过的“刘真长”（刘惔，字真长，东晋著名清谈家，少时便为王导所赏识，长相俊美，有风度才气，后娶晋明帝庐陵公主），据史料记载，当时的人们认为王献之与刘真长长得最像。可见，王献之也是一位风度翩翩的美男子形象，再加上他有才华，因此是许多闺中小姐理想的夫婿人选。

古代的婚姻都是“父母之命，媒妁之言”。儿子到了谈婚论嫁的年纪，做父母的自然要上点儿心。于是，王羲之思来想去，觉得这些名门望族中还是郗家最合适。而且王献之的心上人正是王羲之夫人的娘家弟弟郗昙的女儿郗道茂。郗道茂才貌双全，比王献之略长，二人青梅竹马，互相倾慕，相识相知。郗昙的女儿郗道茂以后若是嫁给了王献之，王郗两家，亲上加亲，也正是魏晋门阀世族讲究门第相当的社会风俗。

王羲之明白儿子的心意，曾经写过《与郗家求婚书》：“中郎女颇有所向不？今时婚对，自不可复得。仆往意，君颇论冷不？大都比亦当在君耶！”意思是说，你家女儿有没有中意的对象？如果没有的话，就和我家小郎结合吧，如此便是再好不过了，希望你能够考虑一下。

这纸求婚书又称作《中郎女帖》，后来收录于《淳化阁帖》。

等到郗家回信之后，还写了一封《与郗家论婚书》，信上写道：“十一月四日，右将军会稽内史琅邪王羲之，敢致书司空高平郗公足下……南将军荆州刺史侍中骠骑将军武陵康侯，夫人雍州刺史济阴郗说女，诞顺之胡之耆之美之，内兄胡之，侍中丹阳尹西中郎将司州刺史，妻常侍谯国夏侯女，诞茂之承之羲之，妻，太宰高平郗鉴女，诞玄之凝之肃之徽之操之献之，肃之，授中书郎骠骑谘议太子左率，不就，徽之黄门郎，献之字子敬，少有清誉，善隶书，咄咄逼人。与公宿旧通家，光阴相接，承公贤女，淑质直亮，确懿纯美，敢欲使子敬为门闾之宾。故具书祖宗职讳，可否之言，进退惟命羲之再拜。”

从信中我们也可以看出王羲之对于儿子献之的婚事是相当重视的，首先将自家的谱系家门都详细地报了一遍，然后又夸献之

“少有清誉，善隶书，咄咄逼人”，随后又说郗道茂“承公贤女，淑质直亮，确懿纯美”，最后说“进退惟命羲之再拜”表达其谦卑诚恳之意。最终，经过一系列程序，有情人终成眷属，于升平四年（公元 360 年），17 岁的王献之与他的表姐郗道茂结为夫妻。但是这一路走来，两人经历了许多坎坷。

王献之和郗道茂二人，少年夫妻，情真意重，志趣相投。王献之狂傲不羁，宦情淡泊，热衷于书画艺术，钟情于碧水秀山之间，郗道茂一直相伴左右，夫唱妇随。但是好景不久，王献之的岳父、郗道茂的父亲郗昙于升平五年（公元 361 年）正月病故。

郗昙于升平二年（公元 358 年）八月任北中郎将、持节，都督徐兖青幽扬五州诸军事、徐兖二州刺史。升平三年（公元 359 年）十月，郗昙和西中郎将、监司豫冀州并四州诸军事、豫州刺史谢万北伐慕容氏建立的前燕，行至涡水、颍水一带时，郗昙就因病退驻于彭城。王献之与郗道茂成亲时，郗昙也因身体抱恙而未能参加。

痛失亲人，这对于王献之与郗道茂来说，是一个不小的打击。这时，郗道茂已经怀有身孕。

不久，王献之与郗道茂的爱情结晶诞生了，他们将女儿视为掌上明珠，并为女儿取名为玉润。新生命的到来，给家里增添了不少喜气，大家好像又看到了希望。王献之与郗道茂二人渐渐从郗昙去世的阴影中走了出来。

但是，由于郗道茂是怀着失去亲人的伤痛生产，所以产后身体不支，病情加重。王羲之曾经痛苦地写道：“官奴妇产，复委笃，忧之深。馀粗可耳。”郗道茂最终还是挺过来了，全家人都为之松了一口气。但没想到，郗道茂还在恢复身体的时候，刚刚来到这个世界上、带给王家希望的小生命——玉润却宛如流星划过天际般离开这个世界了。献之夫妇对于这个“白发人送黑发人”的噩耗，实在是承受不起。面对至亲故去的接二连三打击，郗道茂身心重创，最终丧失了生育能力。

此时，王羲之看着孙女的离去，自己却什么都不能做，实在是痛心，也许只有用书法才能抒发自己心中的苦闷。他拿起笔，颤颤巍巍地写下了纪念孙女的《玉润帖》。

《玉润帖》又名《官奴帖》，释文：“官奴小女玉润，病来十馀日，了不令民知。昨来忽发痼，至今转笃。又苦头痈，头痈以溃，尚不足忧。痼病少有差者，忧之焦心，良不可言。顷者艰疾，未之有良由。民为家长，不能克己、勤修训化、上下多犯科试，以至于此。民唯归诫，待罪而此非复常言辞，想官奴辞以具，不复多白。上负道德，下愧先生。夫复何言。”言语之间，伤痛之情，溢于言表。

又过了不久，升平五年（公元 361 年），王羲之便含悲而去。

对于献之与道茂这对患难夫妇来说，两年之内，连遭三次至亲的离去，已经是欲哭无泪。这也许就是上天对他们夫妻的考验吧！这样的大风大浪，对于一个生于豪门望族、从小不知愁苦为何味的贵公子来说，实在是无法承受，所以在王献之率性自由的性格之中，从此平添了几分忧愁与沉重。但是人总要经历过一些事情，才会变得成熟、稳重。

第二节 仕海泛舟

依照晋朝的制度，父亲去世，儿子要在家守丧三年，不得出仕为官，所以王献之从 19 岁到 21 岁在家守丧服孝，直到兴宁二年（公元 364 年），才进入官场。

在三年的守丧服孝期间，为图安静，王献之与妻子在城南的云门山中置办了一所宅第。

《嘉泰会稽志》中记载道："淳化寺在县南三十里，中书令王子敬所居也。"其中的"中书令"是王献之后来的官职名称。云门山，北靠秦望山，南邻若耶溪，山清水秀，风景怡人，是一个归隐的好地方。王献之曾写道："从山阴道上行，山川自相映发，使人应接不暇。若秋冬之际，尤难忘怀。"可见其景色实在是让人流连忘返。

对于他人来说，要在一个寂静幽深的地方度过三年，是一件很无聊的事情，但是对于王献之来说，这三年不仅能与妻子朝夕相伴，共享天伦，还完成了父亲与自己共同的夙愿——将创新变体付诸实践，并且取得了突破性的成果。

父亲王羲之生前就希望王献之今后能够在书法上走出一条与他不同的道路，正好借守丧这三年，可以好好地研究一下，也许这也正是王羲之所愿意看到的吧！守丧期满后，王献之重返建康之时，他的书法果然有了新的突破，展露出与父亲不一样的风采，其流畅、妍美的字体实在是令人拍案叫绝，保留下来的代表作有书写于兴宁三年（公元 365 年）的《保母志》。

王献之与父亲不同，虽然都是"少有美誉"，但是父亲王羲之受到种种因素的影响，迟迟没有出仕为官。而朝廷早就盯上王献之这个人才了，于是在他守丧结束之后，朝廷就将征召的文书送到王家了。

《王献之传》中记载："起家州主簿、秘书郎，转丞。"可见，一开始王献之出任的是州主簿、秘书郎，后转做秘书丞。州主簿主要负责处理刺史府中的日常事务，上传下达，协调关系，对于刚刚进入官场的王献之来说，是一个很好的历练机会。而且，又经常在主官身边，很容易成为亲信，倚为靠山，这对于一般的官宦子弟来说，是一个很好的晋升机会。

虽然王献之是朝廷早就看上的治世人才，但是他并不像其父亲王羲之那样，从政之后，处处以大局为重，替百姓着想，为人中规中矩。献之更多了一些随性，他对于那些动不动就讲规矩、看人脸色行事的人，很是反感，对于这样的差事，他也觉得是活受罪。于是，出任州主簿不久，他便厌倦了这样的生活，向朝廷提出了想要转当清闲官的要求。

在等待结果期间，还向朝廷“乞假”，回家扫墓，还去余杭看了已经出嫁的姐姐王孟姜。等他归来之时，朝廷答应了他的请求，所以他坐上父亲王羲之的起家位置——秘书郎，主要是管理皇家的一些书籍奏表，较为清闲。

王献之对于这份工作也十分感兴趣，他精书法、善文章的才能也在此得到施展，所以干起来十分得心应手，也作出了一些成绩。于是，很快又得到提拔，迁为秘书丞。秘书丞与秘书郎虽然同是六品官，但是秘书丞位属机要，归于中书省管辖，因此王献之能够有机会接触一些政要人员，参与高层的政治，这些也为他以后升至中书令起到了一定的铺垫作用。

在这期间，王献之接触到了三位欣赏他、对他日后有提携的人。

第一位是桓温。自从殷浩两次北伐失败，被贬为庶人，倒台之后，朝堂之中，桓温独大，没有人能够与之抗衡。兴宁二年(公元 364 年)，桓温以征西将军、大司马、侍中的职位掌管着扬州牧，录尚书事，势力从长江中上游延伸到下游地区，在朝廷之中地位可谓是举足轻重。

桓温原本就十分欣赏王羲之的才华，王羲之去世后，情分延伸到下一代身上，先是征召王徽之为征西将军府参军，可谁知，王徽之桀骜不驯，对于仕途并不感兴趣，辜负了桓温的一片美意。

桓温在王家的子弟中最欣赏的还是王献之。桓温是一个敢作敢为、爱憎分明的性情中人，他在接管扬州牧之后，前任王述迁到朝中当了尚书令，王羲之生前与王述不睦，而桓温却对王羲之父子偏爱有加，因此多少受些感情因素的影响，桓温对于王述有不满情绪。他曾对王述管理的尚书省大发“微词”，说他“终日无事”。这在一定程度上为献之日后接任尚书令奠定了基础。

第二位就是会稽王司马昱。东晋本来就处于“门阀政治”的状态，无奈几任司马氏的皇帝不是弱小，就是“清一色的扶不起”，只有会稽王司马昱还是一个可塑之才。司马昱从小就聪颖能干，但是他性格偏软，没有执政的王者气质，难以压倒桓温的霸气。但是司马昱常年在朝堂之中，颇有声望，这一点，是桓温所不能及的，所以桓温对他也忌惮三分。

司马昱曾经是王羲之的学生，素来跟王家亲近，对于王献之也很是赏识，还是王献之书法的爱好者、推崇者，因此自然对王献之十分照顾。不过，他们的缘分可不仅仅如此，王献之后来娶了司马昱的女儿。

第三位就是谢安。不过此时谢安刚刚“东山再起”，羽翼尚未丰满，地位也不太稳固。谢安本想安安稳稳地过完这一生，不想进入官场，最终还是难以如愿。

谢万是谢安的弟弟，他的气度虽然不如谢安，却也很有才气，而且擅长自我炫耀，年纪轻轻就颇有名气，仕途通达。升平二年（公元 358 年），谢安的哥哥谢奕去世之后，谢万便被任命为西中郎将，监司、豫、冀、并四州诸军事，兼任豫州刺史。

然而他并不是统兵作战的材料，次年十月受命北征时，仍然是一副名士派头，只顾吟啸歌咏、自命清高，不知抚绥部众。谢安对弟弟的做法非常忧虑，劝诫说：“你身为元帅，理应经常交接诸将，以取悦部众之心。像你这样傲诞，怎么能够成事呢?”谢万于是召集诸将，想抚慰一番。不料，这位平时滔滔不绝的清谈家竟然连一句抚慰的话都讲不出，憋了半天，干脆用手中的铁如意指着在座的将领说：“诸将都是劲卒。”

在那个时候，“卒”是一个不礼貌的用语。士兵们听到这话当然心中不服气了，谢万如此凌辱轻慢，不仅不能抚慰将领，反而使他们更加怨恨。谢安无奈，只得代替弟弟谢万，对队帅以下的将领一个个地亲自拜访，尽力加以抚慰，拜托他们尽力协助谢万。但这并没能挽救谢万失败的命运。

谢万率军增援洛阳，还未与敌军交战，手下士卒就惊扰奔溃。谢万单骑狼狈逃还，军士们本来要杀了他，看在谢安的分上才没有动手。损兵折将的谢万不久就被罢免为庶人。谢安长兄谢奕病死，谢万被废，使谢氏家族的权势受到了很大威胁。

升平四年（公元 360 年），征西大将军桓温邀请谢安担任自己帐下的司马，谢安为了整个家族的利益，最终接受了。这本来只是一件很寻常的事情，然而消息传出以后，竟然引起了朝野轰动。

在他动身前往江陵的时候，许多朝士赶来送行，中丞高崧挖苦说：“卿屡次违背朝廷旨意，隐居东山不出，人们时常说：‘安石不肯出，将如苍生何！如今苍生又将如卿何！’”而谢安却笑笑毫不介意。

桓温得了谢安这一人才十分兴奋，一次谢安告辞后，桓温自豪地对手下人说道：“你们以前见过我有这样的客人吗?”后来桓温因立场与谢安相左，而打算杀掉谢安的时候，仍然对旁人称赞谢安不已。可见谢安的确是治世之才。

谢安与王羲之是忘年交，在王羲之的儿女们中，谢安最欣赏的还是王献之。看着这位故人的儿子一天天长大成人，喜爱之情也与日俱增。王献之本就对谢安执父辈礼，更将其视为追慕的楷模。日后谢安请王献之出任长史，也是意料之中、理所当然的事情。

王献之虽然在官场上一路走来颇为顺利，但并没有做出什么大的成绩。反而是他的书法，在这期间，大有长进。这主要得益于王献之与两位族弟的切磋交流：一位是王珣，另一位是王珉。王珣的书法也得到大家一致认可，其流传于世的《伯远帖》是写给亲友的一通书函。行笔峭劲秀丽，自然流畅，是我国古代书法作品中的佼佼者。帖中的笔画写得较瘦劲，结体较开张，特别是笔画少的字显得格外舒朗、飘逸，真有点“如升初日，如清风，如云如霞，如烟，如幽林曲洞”的晋人韵味，堪称是无上至宝。其书体为成熟的行草，运笔自然，各字是分立的，古逸洒脱，确实是晋人特有的风神，堪与二王争辉，也是乾隆的“三希”之一。王珉在书法上也颇有成就，曾担任中书令，与献之齐名，世人称王献之为大令，王珉为小令。

王氏一族是一个书法世家，人才辈出，而且各支各房都有自己的独门心得和技法。王家有一个很好的传统，那就是大家在一起切磋，相互取长补短，这也是王家书法大家辈出的一个秘诀。

第三章　棒打鸳鸯

第一节　新安公主

新安公主，即司马道福，又称余姚公主，是简文帝司马昱与徐贵人（徐淑媛）所生之女。司马道福诞生之前，会稽王司马昱已有十来年没有子嗣。不用说，这个迟来的女儿，很受父母的宠爱，所以一出生就封为新安郡主。

道福成年后被许配给了东晋大将、明帝之婿桓温的儿子即临贺郡公——桓济。不想桓济无德无才，行为不轨。作为丈夫，与公主难生恩爱之情，而且更令人缺乏安全感，整日要为其担心。更可怕的是，作为驸马的桓济并不安分守己。孝武帝即位之初，驸马桓济与其兄桓熙参与了欲杀害叔父的密谋，也就是谋害时任车骑将军兼都督七州军事的桓冲。

桓冲"累迁车骑将军，都督七州诸军事"，"生性俭素、而谦虚爱士，言不及私，以国计为重，与谢安有将相之和，对谢安多有谦让，忠言嘉谋每尽心力，胸怀博大"，所以桓济谋杀叔父，在当时是反对朝廷、反对皇帝的大逆不道的举动。桓济谋杀叔父未遂，此事败露后，朝野议论纷纷，影响很大。

桓温在临死之前下令拘捕了儿子桓熙与桓济。随后，孝武帝废除了桓济的驸马之位，把他流放到长沙服苦役。新安郡主也由郡主转为公主，并看上了王献之。

新安公主对王献之仰慕已久，她早就听说了王献之有风度，有气节，又有才华。早在当初与桓济结婚时新安公主就想嫁给王献之，可是当时王献之已经有了意中人——郗道茂，而且两家已经定下了亲事。再加上当时桓温得势，皇家需要仰仗桓家的势力来巩固自己的地位，新安公主只好委身于桓济。于是在桓济谋杀叔父桓冲未遂，事情败露被发配长沙之后，新安公主便要求与桓济解除婚姻关系。

当年想嫁却没有机会，如今她从婚姻里解脱了，而且还很年轻。再加上新安公主说，郗家女虽然是明媒正娶，但“不孕无子”，犯了“七出之条”，古语有云：“不孝有三，无后为大。”因此可以将“无后”作为休妻的理由。她反复向皇太后央求，又去求皇帝下诏赐婚。

这件事情中最为难的就是晋简文帝司马昱了。虽然桓济犯了大错，但是此时的简文帝才被桓温拥戴为帝，就要提出与桓家解除婚姻关系，实在是难以启齿。但还是架不住爱女的哀求，而且简文帝与王家世代交好，王家的势力再加上谢家的力量，相信可以对桓温有所制衡。

简文帝思来想去，觉得在政治上会有受益。而且新安公主指名道姓要嫁的人是王献之，用王献之来顶桓济，想必桓家也是难以挑出毛病的。

此外，这件婚事可能还有手握朝政大权的谢安与王坦之、王彪之等重臣的参与，以及新安公主的母亲徐贵人的意愿。谢安必定觉得这样做是对得起忘年交王羲之的。谢安主张将新安公主改嫁王献之，是把王献之拉进了皇宫，也是给王献之提供了一条直接进入高层政治的便捷道路。

如此的美意与厚爱，也可以说是用心良苦，可是谢安没想到，这给王献之与郗道茂埋下了一颗悲苦的种子。在诸多考虑因素之中，唯一排除在外的便是王献之与郗道茂两个当事人的感情了。

宁康元年（公元 373 年），简文帝司马昱去世，太子司马曜继位。皇太后也就是新安公主的母亲（徐贵人）让孝武帝下旨令王献之休妻再娶。

《太平御览》卷一五二引《中兴书》也有记载："'新安县公主道福，简文帝第三女，徐淑媛所生，适桓济，重适王献之。'献之以选尚公主，必是简文即位之后，此咸宁当作咸安。"

第二节　圣旨难违

皇帝最终下旨让王献之休掉了郗道茂，再娶新安公主。可是王献之深爱郗道茂，既不肯娶新安公主，也不想从此加入到皇家的是非圈里去掺和。但是皇帝一言九鼎，圣旨不可违抗，他想不出用什么方法抗旨，只有——"灸足以违诏"，即用艾草烧伤了双脚，自称行动不便，可能会落下残疾，形象欠佳，因此配不上公主，请皇上收回成命。可这个方法显然不奏效，新安公主声称她不在乎，即使王献之瘸了，她也非嫁不可。

无奈之下，王献之只能忍痛休了郗道茂，奉旨与新安公主完婚。王献之为拒婚用艾草烧伤自己双脚，并非矫作姿态，而是强忍疼痛真烧，以至于留下后遗症，后半生常年患足疾，行动不便。之后，他也常常提到这双令他痛苦万分的脚。"奉承问，近雪寒，患面疼肿，脚中更急痛……""昼夜十三四起，所去多，又风不差，脚更肿……""仆（我）大都小佳，然疾根聚在右髀。脚重痛，不得转动。左脚又肿，疾候极是不佳……"这样的惩罚，对于王献之来说已经是足够重了。而且郗道茂离去后，王献之终生未能再与之见面，更遗憾自责，直至终老。

而离婚后的郗道茂，因父亲去世，只好寄居在伯父郗愔的篱下。

据史料记载，她终身守节，誓不再嫁。最终凄凉悲转，郁郁而终。王献之看到自己的爱妻离开，自己却无能为力，想到她没了父亲，没了女儿，现在又没了丈夫，从此孤身一人，寄人篱下，实在是于心不忍，伤心愧疚。

明代著名才子唐伯虎还曾以此事为背景题材，画了一幅《王献之休郗道茂续娶新安公主图》。

王献之与前妻郗道茂因为是表亲，所以还有礼节上的往来。但是已经不方便再见面，只能偶尔通过信函传达问候和慰问之情。王献之曾给离婚后的表姐写过一封情书，述说自己被思念弄得快要发疯的情感，这封信无头无尾，没有落款，收在“王献之文集”的杂帖中，称为《别郗氏帖》。

信曰：“虽奉对积年，可以为尽日之欢，常苦不尽触额之畅。方欲与姊极当年之足，以之偕老，岂谓乖别至此！诸怀怅塞实深，当复何由日夕见姊耶？俯仰悲咽，实无已已，惟当绝气耳！”

大意就是说：我和表姐生活在一起多久，都不会觉得厌烦的。即使是年复一年地相对，也可以当作是一日之欢。那种额头触着额头的欢畅，只是遗憾不能再尽兴一点、更尽兴一点。正想着要和表姐一辈子成双成对，白头偕老，哪知道命运竟然如此不顺，分离到了这个地步！实在是伤心惆怅啊。什么时候才能白天晚上都见到表姐呢？我只能仰首低头悲叹呜咽，实在没有办法啊，也许要跟表姐见面，只能等到我断气了！

这种毫无回天之力的情书，其实是比较自私的。似乎表达了王献之的深情和安慰，但主要用处还是减轻自我良心的谴责。古代的女人是依附于男人生活的，试想一下，站在郗道茂的立场上，她看到了这封信，除了会更加难受，还能怎么样？

王献之成了简文帝的驸马，后人多有谴责：“别妻一帖，俯仰悲咽，既笃伉俪，何不为宋大夫之却湖阳乎？”这里面有一个典故。

《后汉书·宋弘传》中记载，光武帝刘秀的姐姐湖阳公主婚后不久，丈夫亡故。刘秀劝其改嫁，公主说：“宋公威仪德器，群臣莫及（宋弘威风凛凛，有气度，是其他人都无法比得上的）。”帝曰：“方且图之（那就问问他吧）”。皇帝令公主坐在屏风后，因谓弘曰：“谚言贵易交，富易妻，人情乎（尊贵了就会改变与朋友的交情，富有了就会改变对妻子的心意，这是人之常情吗）?”弘曰：“臣闻贫贱之交不可忘，糟糠之妻不下堂（我只是听说贫贱时候的交情不能忘记，一起共同患难过的妻子不能抛弃）。”帝顾谓主曰：“事不谐也（事情恐怕不能成了）。”宋弘态度坚决，不肯与结发妻子离婚，公主也就只好作罢。

但是王献之与宋弘比起来，实在是胆小懦弱了很多。后人评价说王献之是受到了驸马爷尊贵地位的诱惑，但是事实证明，这种说法显然是带有时代观念的局限，具有一定的狭隘性。

据史料记载，晋朝时期，驸马多受公主欺侮，而并非被当作一件美事，一般的贵族子弟极不愿入选。王献之的叔祖父王敦，娶了晋武帝的女儿襄城公主，拜为驸马都尉，如此的强人却在妻子面前连大气都不敢喘。晋朝名士刘惔刘真长也是驸马，娶了晋明帝的女儿庐陵公主，虽然官至丹阳尹，但是也非常惧内，以致在家终日装憨装傻。

桓温，可以说是一代枭雄，娶了明帝的女儿南康长公主之后，在妻子的淫威之下，竟然也变得唯唯诺诺。荀羡，15 岁时就要娶寻阳公主，但是荀羡不愿意成为驸马，与皇室联姻，所以“远遁”，逃走了。监司追上他，于是娶了寻阳公主，拜为驸马都尉。因此，后人指责王献之有攀龙附凤之心，实际上是没有道理的。

王献之与新安公主婚后，二人生活过得怎么样，史书上没有记载，但是从皇家对王献之一直很满意来看，王献之对新安公主应该不会太坏，因为王献之是一个比较善良温和，性格又沉静少言的男子，但直到王献之四十一岁时，才和新安公主有了一个女儿，取名叫神爱。女儿神爱后来做了皇后，可惜后来嫁的司马德宗是个痴呆皇帝。

传说王献之得女不久，认识了一位年少可爱的女子，女子名为桃叶。桃叶称王献之为“团扇郎”，可桃叶并没有给他带来子嗣。桃叶有个姐姐叫桃根，但已无实据可考。传闻王献之所做的《桃叶歌》共三首，其歌词曰：

其一

桃叶映红花，无风自婀娜。春花映何限，感郎独采我。

其二

桃叶复桃叶，桃树连桃根。相怜两乐事，独使我殷勤。

其三

桃叶复桃叶，渡江不用楫。但渡无所苦，我自来迎接。

桃叶答王献之《团扇歌》三首云：

其一

七宝画团扇，粲烂明月光。与郎却暄暑，相忆莫相忘。

其二

青青林中竹，可作白团扇。动摇随郎手，因风托方便。

其三

团扇复团扇，持许自障面。憔悴无复理，羞与郎相见。

《团扇郎》

手中白团扇，净如秋团月。清风任动生，娇声任意发。

从《桃叶歌》看，王献之非常喜爱桃叶，因此写作此歌。相传东晋时候的秦淮河水面宽阔，流水湍急。因渡口拥挤，往来渡江的人多，常有人落水而死，遇到刮风下雨等恶劣天气，江面上也会发生翻船事故。桃叶和桃根的娘家在江对岸，每次回娘家，姐妹俩都感到心里害怕。深爱姐妹俩的王献之为解除她们的心理压力，专门为两人创作了一首《桃叶歌》，并承诺每次都会亲往渡口接送。

后人评价说，《桃叶歌》是以桃叶的口吻写的，抒写了桃叶得到王献之眷爱的感激之情，其歌亲巧，是古代相慕之人真情实感的自然流露。尤其是《桃叶歌》其一，整篇以桃叶的口吻来抒写，短短四句，通过生动的比喻，把桃叶的美丽、献之和桃叶两人间的情爱都表现出来了，语短情长，堪称古代民歌诗中的一篇佳作。诗的语言朴素明朗，比喻生动，可以看出深受当时吴地民歌的影响，此作深受民间喜爱，流传极广，“至南陈时犹盛歌之”。后人在翻阅明朝乐曲档案时，发现了仍能演唱的《桃叶歌》。

大概桃叶心中也很明白，王献之与她相好，也许只是为了填补自己感情上的空虚罢了，也可能是看重她的美貌容颜，等她年老色衰、面色憔悴之时，会不会也像石崇对待他的爱婢一样，最后被退为“房老”，被王献之遗弃呢？所以，桃叶的答歌《团扇歌》与石崇的爱婢所作的《怨诗》有异曲同工之处，都有着顾影自怜的意味。

当然，纵使王献之与桃叶的感情跟石崇与其婢女的感情有所不同，但是就像《汉魏六朝百三名家集·王大令集题词》中所说的那样："中书风流，上掩季伦（石崇），但无颜对郗姊耳。"王献之如何能够对得起自己曾经的结发妻子郗道茂呢？这样一个才貌双全的女人，他终究还是辜负了。

但是历史上王献之到底有没有纳妾？到底有没有桃叶、桃根姐妹俩？桃叶、桃根的身世背景和下落如何？王献之若即便纳妾，是一个还是姐妹两个？围绕着类似的话题，历代的文人们大胆假设，多方求证，众说纷纭。

关于《桃叶歌》的来历，据称南陈的释智匠所撰《今古乐录》可能是最早记载《桃叶歌》的书籍。书中解释道："《桃叶歌》者，晋王子敬之所作也。桃叶，子敬妾名，缘于笃爱，所以歌之。"有人认为桃叶非指人名，而是一种类似桃叶的小船（"桃叶复桃叶，渡江不用楫"）或者是地名（"隋晋王广伐陈，置将桃叶山下"，"乘桃叶而渡必克"）。也有人认为"桃叶"与罗敷、碧玉一样，只是美女的代称而非指某个特定的美女。有人承认桃叶实有其人，但认为她并非王献之的小妾而是他的知情者，以王献之"高迈不羁"的个性及他"风流为一时之冠"的潇洒文人形象，他对婚姻讲究"门当户对"的门阀制度必定不会太在意。有人甚至认为《桃叶歌》并非王献之所作，将其归到王献之名下只是借他的名声来宣传罢了。

第三节　羞踏郗门

《世说新语·简傲》里记载王献之和郗家交恶：王子敬兄弟见郗公，蹑履问讯，甚修外生礼。及嘉宾死，皆著高屐，仪容轻慢。命坐，皆云："有事，不暇坐。"既去，郗公慨然曰："使嘉宾不死，鼠辈敢尔！"郗超生前，王献之兄弟去拜见郗愔，都要穿好鞋子去问候，很遵守外甥做客的礼节规范。但是到郗嘉宾死后，去见郗愔时都穿着高底木板鞋，态度轻慢。郗愔叫他们坐下，都纷纷推辞说："我们还有事，没时间坐。"他们走后，郗愔十分生气，感慨地说："如果嘉宾不死，你们怎么敢这样放肆！"

郗嘉宾，即郗超，东晋的大臣，是东晋开国功臣郗鉴之孙，王羲之的夫人郗璿是他的亲姑姑。《世说新语》中记载道："扬州独步王文度，后来出人郗嘉宾。"这里的王文度是指王坦之，是当时有名的才子，由此也可见郗超的才气。郗超少年时期就聪明过人，十几岁便被当时的抚军大将军司马昱辟为掾。

永和三年（公元 347 年）桓温灭成汉，进位征西大将军后，辟郗超为征西大将军掾。

永和十二年（公元 356 年），桓温任大司马、都督中外诸军事，郗超转为参军。

太和六年（公元 371 年），桓温废海西公，改立简文帝，专制朝政，郗超入朝任中书侍郎。桓温死后去职。太元二年（公元 377 年）卒，终年 42 岁。

郗超的胸怀与胆识也令人赞叹不已。前秦苻坚图谋东晋天下，已经吞并了梁、岐一带，又虎视眈眈地想攻占淮水以南地区。当时朝廷决定派谢玄北上讨伐苻坚，人们对这一决定意见很不一致。

只有郗超坚定地说："此事一定能成功。我过去曾和谢玄在桓府中共事，发现他用人能人尽其才，即使在极小的事情上，也能委任得当。从这些事来推断，估计一定能建立功勋。"

谢玄大功告成后，当时人们都赞叹郗超有先见之明，更敬重他虽然与谢玄关系不好，却能不因个人爱憎而隐匿别人的才能。

太和二年（公元 367 年）九月，东晋朝廷任命郗愔为都督徐兖青幽四州诸军事、平北将军、徐州刺史。郗愔的外甥、黄门侍郎王徽之到郗家祝贺，说："应变将略，非其所长。"郗愔的次子郗融对哥哥郗超说："老人家今天拜官，王徽之说的话太不恭敬了，实在难以容忍。"郗超说："这是陈寿对诸葛亮所作的评语，人家把你家的人都比作诸葛武侯了，还有什么可说的！"

据陈寿著《三国志·诸葛亮传》载："可谓识治之良才，管萧之亚匹矣。然连年动众，未能成功，盖应变将略，非其所长欤！"这就是王徽之用来评论郗愔的两句话的出处。

王徽之对他的舅舅郗愔有些瞧不起，他想表达的意思确实是随机应变的用兵策略不是郗愔所擅长的。可惜他忘了自己所引用的两句话，竟是出自陈寿对诸葛亮的评语，结果被他的表兄弟郗超所利用，从而出现了"欲贬实褒"的喜剧效果。这也不难看出，郗超这个人确实聪明过人，不但博览群书，而且反应敏捷。

从桓温对于郗超的几次提拔可以看出，郗超是桓温最主要的谋士和最得力的助手，同时也是桓温的死党，这是很多人知道的事实，然而身为父亲的郗愔却不知道。俗话说"有其父必有其子"，但是郗超和他的父亲郗愔，却是两种完全不同类型的人。

郗愔忠于王室，郗超却同桓温结为死党；郗愔为人糊涂怯弱，郗超却精明强练；郗愔喜好聚敛钱财，郗超却轻财重施，视钱财如粪土。郗愔大肆搜刮钱财，有钱财达数千万以上，郗超心中很不以为然。

有一天早晨，郗超去给父亲请安，郗家的礼法，在长辈面前，晚辈不能坐着，郗超就站着说了很久的话，并有意把话题引到了钱财上来。郗愔说："你只不过想得到我的钱财罢了！"于是打开钱库一天，让郗超任意使用。郗愔如此大方，原以为郗超顶多只能用掉几百万而已，却没有想到他会在一天时间里把钱库里的钱全部分给亲戚朋友，到最后所剩无几了。郗愔听了，惊怪不已。当然，由此也可见郗超的慷慨与豁达。

太元二年（公元 377 年）十二月，郗超去世。《晋书·郗超传》有相关记载：“初，超虽实党桓氏，以愔忠于王室，不令知之。将亡，出一箱书，付门生曰：‘本欲焚之，恐公年尊，必以伤愍为弊。我亡后，若大损眠食，可呈此箱。不尔，便烧之。’愔后果哀悼成疾，门生依旨呈之，则悉与温往反密计。愔于是大怒曰：‘小子死恨晚矣！’更不复哭。”

意思是说，当初，郗超与桓温结为同盟，因为父亲郗愔忠诚于王室，所以没让父亲知道。等到他病重以后，拿出一箱子书信交给门下的弟子，并嘱咐道：“家父年事已高，我死之后，如果他过度悲伤，会影响到饮食睡眠，伤害身体，可把这个箱子呈交给他，如果不是这样的话，就请把它烧掉。”郗超死后，郗愔果然因悲痛惋惜而患病，弟子便把箱子呈送给他，里面全是郗超与桓温商议密谋的往返书信。郗愔勃然大怒道：“这小子死得已经太晚了！”于是再也不为他悲痛流泪了。

郗超与王献之等表兄弟才华与名气都可以媲美，而且素来感情甚好。《世说新语》中记载：“范启与郗嘉宾书曰：‘子敬举体无饶，纵掇皮无余润。’郗答曰：‘举体无余润，何如举体非真者？’范性矜假多烦，故嘲之。”意思是说，范启在给郗嘉宾的信中说：“王子敬浑身没有多余的肉，即使去了皮也没有多余的油水。”郗嘉宾回答说：“浑身没有多余的油水，比全身真的没有一点怎么样？”范启生性虚假做作，所以郗嘉宾才会如此嘲笑他。

表兄弟之间，虽然经常会在一起互评互嘲，但是对外人的批评却是马上驳回，维护有加。由此也可见，郗超与王献之的关系甚密。郗嘉宾死的时候，王献之应该是 33 岁左右，推断《世说新语》中说的这次交恶，应该是在王献之与郗道茂离婚之后。

自从王献之娶了公主，官职就一直往上升。而郗家的权势人物却不在了，郗家第二代中最有才华和声望的郗超也命丧中年，而且他又是桓温的“入幕宾”，参与了桓温的谋篡，颇受大家的非议。这样的反差，也难免郗愔会怨恨王献之攀附公主，贪图荣华富贵，抱怨王献之怠慢了昔日的亲家。

郗超去世后，王氏兄弟要单独面对郗愔，难免会感到不自在。其一，旧家礼数颇多，“郗家法：子弟不坐”，郗愔让他们坐，反倒更让他们感到紧张不安。其二，更害怕提及有关郗超的话题，一方面会引发老人伤心，另一方面郗超死后，参与桓温“不臣之谋”的事情大白于天下，在清议的压力下，他们不得不在郗家避开这一话题。可是“言多必失”，若是在郗家久留的话，难免会说漏嘴。王氏兄弟中间，特别是王献之，与郗姐婚姻的破裂，让他在郗家无地自容，再与大舅郗愔相处，总是坐立不安。更何况，这种家祭的场合，很容易遇到表姐——他要怎样去面对表姐呢？一刻不离郗家，惶恐之心就一刻难消，最好的办法就是“迁延辞避”——于是不敢久坐，赶紧提议离开郗家了。然而，这种回避的做法，在郗愔眼中，便是“怠慢”了。

总之，由于种种原因，王献之今后与郗家的来往更加稀少，也更加困难了，情分便这样慢慢断了。

第四章　辅佐谢安

第一节　知遇谢公

谢安与王羲之是肺腑之交，感情深厚。谢安本身就十分欣赏王献之，于是请他做长史。谢安请王献之出仕做他的长史，看重的并不是他的治世之才，而是他的率真与文采，希望能够有这样一位有性情的名士陪伴在自己身边，在官场这片浑浊之气中，有一方清静之地。

王献之又是故人王羲之的儿子，留他在自己的身边，这也是对故人的一种怀念与宽慰吧！王献之也知道自己不是治国救世之才，学不会简文帝的以柔克刚，学不会桓温的咄咄逼人，更学不会谢安的气度圆滑，所以只能尽自己的绵薄之力，协助谢安，对得起朝廷，对得起百姓，对得起自己。后来谢安晋封卫将军，王献之仍做长史。

谢安之于王献之，可以说是亦父亦师又亦友，两人关系甚好，因此后世流传了很多关于二人的故事。

《世说新语》中记载：太极殿始成，王子敬时为谢公长史，谢送版使王题之。王有不平色，语信云："可掷著门外。"谢后见王，曰："题之上殿何若？昔魏朝韦诞诸人亦自为也。"王曰："魏阼所以不长。"谢以为名言。

大意是说，太元年间（公元 376 年—公元 396 年），太极殿落成，王献之为谢安的长史，谢安给他送去牌匾，让他题字，王子敬很不情愿，他对使者说："你把它扔到门外去。"谢安后来见到王子敬，对他说："你到殿上去写怎么样？从前魏朝韦诞等人，也是这样做的。"王献之回答："这就是魏朝国运不能长久的原因。"谢安没有因为王献之不给他面子而恼怒，反而认为他说的话十分有道理。

两人有时候还会相互吹捧，开玩笑。有记载云王子敬语谢公："公故萧洒。"谢曰："身不萧洒，君道身最得，身正自调畅。"大意就是说，王子敬对谢公说："您确实潇洒。"谢公说："我不潇洒，但是你夸奖我，我很满足，所以我是身心顺畅。"两人还经常在一起探讨问题。王子敬问谢公："林公何如庾公？"谢殊不受，答曰："先辈初无论，庾公自足没林公。"大意是说，王子敬问谢安："林公比庾公，怎么样？"谢安很不同意这样相比，回答说："前辈从来没有谈论过，庾公自然能够超过林公。"

两人不仅经常议论前贤，还很关注当朝的风流才子。袁宏（公元328年—公元376年），字彦伯，小字虎，时称袁虎，是东晋著名的文学家、史学家。用了近十年的时间编著了《后汉纪》，并著有《竹林名士传》三卷，以及《东征赋》《北征赋》《三国名臣颂》等名篇。袁宏时号"袁开美"，谢安常常夸其机敏辩速，王献之也曾经写过一句关于他的诗句，形容其风度开朗秀美，即"袁生开美度"。

不久，谢安"为扬州刺史，宏自吏部郎出为东阳郡"，便将袁宏归为己用。

王献之生性随意，喜欢调侃人，刘义庆的《世说新语》记载：车武子为侍中，与王东亭诸人期共游集。车早请急出，过诣王子敬。子敬于时宅在建阳门内道北，车求去。王问："卿何以匆匆？"车答云："与东亭诸人期共行。"王曰："卿何以乃作此不急行！"车遂不敢去，尽急还台。车武子即车胤，著名的典故"囊萤夜读"说的就是他，这是一个做事极其认真谨慎、同时也很胆小的人。王献之同他开了一句玩笑，问他怎么在不是假期的时间出去玩乐，他就觉得自己理亏，在王献之的处所那儿站了一整天，到晚上才敢离开。可见东晋的官场上像王献之这样随性自由、放诞不羁的人不多见，这也正是王献之的可贵之处。

谢安能将这样一个人才留在自己身边当长史，也是人生一大幸事。反过来说，王献之能够知遇谢安这样一位"亦父亦师又亦友"的上司，也是他的幸运。

第二节　觅得传人

光阴荏苒，岁月如梭。一转眼，王献之在谢安府中担任长史一职已经有近十年的时间了，两人惺惺相惜，相互帮扶，感情甚厚。可是无奈王献之遭遇了婚姻上的变故，让他萌生了离开京城的想法。

在王献之与新安公主结婚之前，王献之就曾担心今后自己将失去自由，受制于公主，果然他的担心在婚后成了现实。新安公主出身娇贵，深受父母宠爱，从小娇生惯养，刁蛮任性。而王献之也是随性自由，犟劲十足。

虽然是新安公主说非王献之不嫁，但是这样两种脾气的两个人，在一起时间长了，难免会出现矛盾。公主耍脾气、使性子也是在所难免的，身为驸马的王献之只能逆来顺受，可是王献之心里总是不痛快的，想要逃离皇宫，逃离这段婚姻。思来想去，他觉得唯一的办法就是离开建康，到地方去任职。

他将自己的真实想法告诉了谢安，谢安虽然舍不得子敬离开，但是也明白理解他的难处，于是就替他安排了建威将军兼吴兴太守的职务，去吴兴任职。王献之虽然是外调，但是出任的是吴兴郡的太守，还带有将军的封号，官居四品，其实在职位上是升职了。

谢安将王献之调到吴兴主要出于以下三方面的考虑：一是他理解献之的苦衷，认为也只有外调方可帮助献之减轻痛苦；二是吴兴还在谢安的管辖范围之内，这样一来，二人虽然分开，但是还可以时常见面；三是王献之这十多年来一直待在谢安身边，没有得到多少锻炼的机会，谢安也想趁此机会，让王献之出去磨炼一下，说不定日后也可独当一面，可堪重用，这样自己也就多了一个帮手，而且也算是对得起已经去世的故人王羲之了。

太元六年（公元 381 年），王献之便出任吴兴太守了。王献之在出任吴兴太守期间，政绩平平，不过日子倒是过得自在惬意，大部分时间在研习书法。虞龢在《论书表》中说道：“羲之为会稽，献之为吴兴，故三吴之近地，偏多遗迹也，又是末年遒美之时。”“献之吴兴二笺，足为名法。”可见，王献之在吴兴找到了属于自己的价值，在书法上颇有进步。另外，王献之还在这里觅得了自己的书法传人——羊欣。

羊欣（公元 370 年—公元 442 年），字敬元，泰山南城人（今山东省新泰市羊流镇），是东晋时期著名的书法家。他的曾祖羊忱，在晋朝曾任徐州刺史。祖父羊权，做过黄门郎。父亲羊不疑，任桂阳太守。

羊欣性格沉静，不喜欢与人争强斗胜，言谈音容和美，容貌举止俱佳，广泛阅读经史书籍，尤其擅长书写隶书。

父亲羊不疑起初任乌程县令时，羊欣正好 12 岁，当时王献之刚刚出任吴兴太守，很是赏识他。

羊欣最初出仕任辅国参军，军府解散后又回到家中。隆安年间，朝政逐渐混乱，羊欣在家中悠闲度日，不再仕进。会稽王世子司马元显每回要羊欣写字，往往辞谢，不遵命。元显愤怒，就任命他为自己的后军府舍人。这个职务本来由寒门担任，可是羊欣意态泰然自若，并不因高门任卑职而怒形于色，人们议论时都称赞他。

羊欣曾拜访领军将军谢混，谢混先拂扫座席更换服装，然后才接见。当时谢混的族子谢灵运在座。他离开后，告诉族兄谢瞻说：“望蔡接见羊欣，就更换服装和座席。”羊欣由此就更加知名了。

桓玄宰辅朝政，担任平西将军，以羊欣为平西参军，又转为主簿，参与机要事宜。羊欣打算主动疏远桓玄，所以故意不时泄露机密。桓玄察觉羊欣的心思，越发敬重他，任命他为滗台殿中郎，对他说："国家政务由尚书主持，朝廷礼乐由殿中省制定。你以前虽然身处机要之地，但是与目前职务相比，还是比较轻松的。"

羊欣就职几天后，称病辞职，隐居里巷，后来十余年没有出仕。义熙年间，其弟羊徽得到刘裕的信任重用。刘裕对谘议参军郑鲜之说："羊徽虽然是杰出人才，但是大家都认为他比不上兄长羊欣，未能结识羊欣，真是令人遗憾。"于是，郑鲜之立即下书，以羊欣补右将军刘藩司马，又转为长史，又任中军将军刘道怜的谘议参军，后又出任新安太守。

羊欣在郡为官四年，以政治宽简、体恤百姓被大家所敬佩。羊欣平常喜好黄老之学，经常手抄黄老典籍，又因他擅长医术，所以撰《药方》十卷。元嘉十九年去世，享年 73 岁。

王献之能够觅得羊欣作为自己的书法传人，是偶然，也是必然。

当时的王献之出任吴兴太守之时，已经人到中年，可是自己还没有后人（直到太和九年（公元 374 年），他的女儿神爱才姗姗来迟），这书法的事业眼看将后继无人，此时的王献之心中也很是着急。虽然王氏一族中，也不乏在书法上有天赋的子弟，但是王献之挑选传人的标准比较严苛，既要有天赋，又要勤奋，还要有创造力。这样的人才可不多，可遇不可求。不过王献之受当时玄学影响，懂得顺应自然的道理，所以就耐心等待。

出任吴兴太守之后，王献之听闻有一个叫羊欣的男孩在书法上有一定的天赋，而且又勤奋好学，写得一手出色的隶书，便专程到乌程县去看这个爱好书法的男孩。进门后，王献之看到羊欣大白天穿一条新做的白练裙在床上睡觉，便认定他就是自己要找的“接班人”。他看到孩子睡觉的样子非常可爱，不忍心惊动他，又看到他身上穿的白练裙洁白如纸，一时兴起，便取过来笔墨，蘸墨在羊欣的裙子上挥毫“数幅而去”。

羊欣一觉醒来，见自己身上穿的白练裙上书满了绝妙书法，欣喜异常，于是将裙子脱下，将它们珍宝一般收藏起来，作为他临摹书法的范本，日日揣摩，苦练不止，不久，他的书法突飞猛进。这就是中国书法史上著名的“白练裙”的故事。

王献之“偶其兴会”的激情发挥，“皆发于衷”的创作状态，留下了一幅珍贵的书法作品。这就叫“有心栽花花不发，无心插柳柳成荫”。

唐代的诗人陆龟蒙还曾写过《怀杨台文杨鼎文二秀才》：“重思醉墨纵横甚，书破羊欣白练裙。”姚锡钧也曾在诗篇《怀人》中写道：“藕花香满春如酒，著个羊欣白练裙。”

王献之与羊欣的父亲羊不疑在寒暄之中，才得知原来两家有一定的血缘关系——羊欣是王献之的远方外甥。羊氏一族原来是泰山郡南城人（今山东平邑县），几代都和王家有着亲戚关系。名将羊祜，也就是王献之曾经贬低过的羊叔子，是王衍的舅舅。羊祜的从兄弟羊繇的后人、与王献之关系甚好的羊绥之子羊辅，娶了王彪之的重孙女僧首，僧首是王临之的儿子王讷之的女儿，王临之和王献之是堂兄弟，那么王讷之就是王献之的侄子，那么僧首就是王献之的侄孙女，僧首的丈夫羊辅也就是王献之的外甥。羊欣与羊辅又是堂兄弟，所以羊欣自然也就是王献之的远方外甥了。

王献之的到来，可以说是天赐良机，羊欣聪明好学，有天赋，再加上两家的亲戚关系，于是就收了羊欣为徒，将这个埋没于民间的天才少年引上了一条王氏书法传人、书法大家的道路。王献之在吴兴担任太守的这几年，始终对羊欣言传身教，用心良苦，羊欣也不负众望，不论是在书法上还是在品德上，都颇具献之的大家风范。

羊欣跟随王献之学书法，得到点拨，后来隶、行、草书都写得很不错，名重当时，被人们赞誉为“一时绝妙”，“最得王体”。

羊欣著有书法史著作《采古来能书人名》，传世书法作品有《暮春帖》《大观帖》《闲旷帖》等。当时有一句流行的俗话说：“买王得羊，不失所望。”但是，和王献之书相比，羊欣的书法还是差得很远。

张怀瓘在《书断》中评论道：“师资大令，时亦众矣。非无云尘之远，如亲承妙首，入于室者，唯独此公，亦犹颜回之与夫子，有步骤之近。”梁武帝《古今书人优劣评》评价羊欣书法最为精彩，他说：“羊欣书如大家婢女为夫人，虽处其位，而举止羞涩，终不似真。”

但是不管怎么说，王献之与羊欣的师生缘，可以说是中国书法史上的幸事。王献之用自己的才华和精力培养了一代书法大师，而羊欣也不负所托，出色地承担了中国书法史上承上启下的重要责任，使中国的书法事业能够得以巩固、完善、传承，发扬光大。

第三节　回京述职

王献之于太元六年（公元 381 年）出任吴兴太守，后又于太元十年（公元 385 年），回京出任中书令。其实早在太元八年（公元 383 年），淝水之战胜利之时，朝廷就打算调王献之回京任尚书令一职。

谢安凭借自己的治世之才，指挥了淝水战役，用八万多的兵力打败了前秦苻坚亲自率领的八十多万大军。一时之间，朝廷上下，都在议论谢安的才能与功绩。王献之也在吴兴听到了这振奋人心的消息，他既为国家高兴，又为自己的好朋友感到自豪，对谢安更加佩服了。可是，这时掌握皇权的司马氏一族开始惶惶不安了，他们害怕谢安"功高盖主"，所以，急急忙忙地加封此时的琅邪王司马道子为录尚书六条事，位列朝廷的最高执政地位，以平衡谢安的势力急剧上涨的趋势。其实，司马氏一族完全是多虑了，谢安从未萌发取而代之的意思。

《晋书·谢安传》中记载："安义存辅导，虽会稽王道子亦赖弼谐之益。时强敌寇境，边书续至，梁益不守，樊邓陷没，安每镇以和靖，御以长算。德政既行，文武用命，不存小察，弘以大纲，威怀外着，人皆比之王导，谓文雅过之。"可见谢安并没有想要取代司马氏王朝的意愿，但即使是这样，司马氏的人仍然对谢安不放心。

就在这权力较量的时刻，双方都想到一个缓和矛盾的招数：调时任吴兴太守的王献之回京出任尚书令一职。尚书令是一个相当于宰相的重要职位。对于谢安来说，王献之是他的忘年交，两人素来感情深厚，而且这一点，是大家都知道的，调王献之回来，也算是对谢安的一种安抚。对于司马氏一族来说，王献之是驸马，肯定不会与自己为敌，他们也不失体面。这可以说是皆大欢喜的方法。

但是唯一出现问题的就是王献之。他效仿父亲王羲之当年"固辞侍中、吏部尚书"的做法，对于这次的入京升迁并不乐意。与其回京升职，他更愿意在吴兴做一个自由自在的太守，过自己逍遥快乐的生活，不受他人的约束管制，更不愿做别人手中的棋子。他还写了一封《辞尚书令与州将书》，陈述了自己不愿回京述职的原因。

外出谓公私可安耳，勋赏既凑，亦已息望，但使明公不遗，有会不忘，亦何忧便馁耶。民志不慕高，情不忘荣，恳恳祈诉，惟愿离今任耳，馀无所择。伏度朝恩，不过存愍故旧，使蓬茜与兰蕙齐荣耳。明诏爰发，恩已被矣，荣实厚矣，必何须拜而治，顺许而驰！今日君臣之际，差可得适愿乐也。若民有纤芥，少禆圣化，亦当求自策效，而能临殊宠，必欲免耶？思之实熟，万无此理，古来亦未有量力而致深罪者。蔡司徒立帝王于御床，诏驿数反，其不祇顺，正止于免黜耳。此外希不矜体者，违命诚为深愆，曲从实复过此。伏度天海容纳，必当哀许；仰凭仁眷，惟愿垂救。动成尘秽，转难为颜，乃欲觐谒，忽患齿痛，疼惨无赖，语迫罔知所厝，冒复启诉，谨草一呈。磬竭款实，谓为粗尽，一豪虚矫，神明殛之。若民可作尚书令，而使四海推惬者，亦人谁不堪。勋德盖世，尚当有让，况民凡鄙，而可寇窃耶？王怀祖先辈名流，作此职可谓佥允。桓宣武窥尚书门，犹言此中无人，固知当之未易也。刘既不便，弥不自宣。故寄之翰墨，益增繁忤。饥渴还旨，愿不作悠悠常诲耳。献之死罪，州民王献之呈。

其言辞恳切，语言得体又不失文采，将自己不回京述职于公于私的原因都说到了，说自己对于现在担任的吴兴太守的状况也十分满意，没有想要入朝担任尚书令的想法，而且觉得自己的才能不足以担当这样的重要职务，更何况身体状况也不太好，所以希望朝廷能够理解，不要怪罪。

语言恰当，书法更是为人称赞，所以王献之的这篇《辞尚书令与州将书》一度被人称为书法的珍宝。

但是也有人认为，王献之的这篇《辞尚书令与州将书》与其父亲王羲之当年写的辞护军将军的《遗殷浩书》相比，在思想内容上还是有一定的差距。王羲之当年写的《遗殷浩书》，陈述自己推辞之意，是从人文关怀和社会关怀的高度上进行论述的，而王献之的这篇《辞尚书令与州将书》只是就事论事，并没有什么高度的思想内容可言。

就这样，王献之推掉了尚书令一职，没有回京述职。又过了两年，太元十年（公元 385 年），谢安病重。谢安本想再回东山，直至终老的，可谁知自己竟一病不起，他知道自己时日不多。考虑到自己去后，政局的平稳过渡问题，还有自己现在功劳这么高，难免司马氏一族不会污蔑自己，所以朝中需要一个主持大局的人，思来想去，觉得王献之是最合适的人选。

虽然谢安自己也明白，以王献之的才能并不适合担此重任，但是一时之间也找不到更加合适的人选。让王献之回到朝中主持大局，至少能够做到主持公道、不偏不倚。可能是因为好友即将离去，也知道谢安肯定是为自己在做最后的安排，所以这一次王献之没有推辞。

不日，王献之便回京出任中书令一职。中书令一职，最早在汉武帝时设立，汉武帝以宦官担任中书，称中书令，置令与仆射为其长，掌传宣诏命，帮助皇帝在宫廷处理政务，并且负责直接向皇帝上奏的密奏“封事”，责任重大。

司马迁以太史公的身份担任中书令，朝位在丞相之上，是中国历史上第一位中书令。到了两晋之时，中书令一官最为清贵华重，常用有文学才望者任职。而且又因为谢安担任中书令执政，所以中书令的地位开始日益提高。王献之担任中书令一职，也可看出朝廷对他的重视。

王献之回京之后，第一件事情就是去谢府看望好友谢安。此时谢安已经病入膏肓，时日无多，能够再次见到好友王献之，他深感欣慰，并一再叮嘱王献之要担当起大任。王献之不想辜负好友谢安临终前的一番美意，但是自己对于这样的权力和职位实在是不感兴趣。

于是，在王献之出任中书令不久，便向朝廷上了一封《为中书令启琅邪王位中书事监表》，奏表中写道："中书重职掌诏命，当否是寄。自大晋建国，常令宰相参领，中兴以来，益重其任，故非轻才所可独任也。"向朝廷上疏要求现在居宰相之位的司马道子兼领中书监，这样做，一方面可以减轻自己的责任和压力，另一方面也可以向皇室表明，自己无意独揽大权。可以说这也不失为一种明智的做法。

半年之后，谢安去世。王献之听到好友去世的消息，伤心欲绝。唯一能做的就是谨遵谢公临终之前的遗愿，并为谢公身后之事尽其所能。

《世说新语·伤逝》中记载：王东亭与谢公交恶。王在东闻谢丧，便出都诣子敬道："欲哭谢公。"子敬始卧，闻其言，便惊起曰："所望于法护。"王于是往哭。督帅刁约不听前，曰："官平生在时，不见此客。"王亦不与语，直前哭，甚恸，不执末婢手而退。王东亭，即王珣（公元 349 年—公元 400 年），字元琳，小字法护，父亲是中领军王洽，祖父是东晋丞相王导，也是书圣王羲之的侄子，与王献之是堂兄弟。因获封东亭侯，故被时人称为王东亭。

这段话的大意就是说，王东亭与谢安两人感情破裂，彼此憎恨。王东亭在会稽听说谢公去世了，就赶到京都建康，拜访王献之，说想去哭吊谢公。王献之原先是躺在床上的，一听他的话，就吃惊地起身站起来，说："这是我对于您的希望。"王东亭于是前往谢家凭吊。谢安手下的督帅刁约不让他上前，说："我们的长官谢大人在世的时候，从来不见这位客人。"王东亭也不和他多说，一直走到灵前哭吊，非常悲痛，结果也不和末婢（谢琰小字，谢安少子）握手就退了出来。王献之看到从兄与谢安能够化去矛盾，心中非常高兴。

这些都是小事，还有更加棘手的事情。果然如谢安生前所料，谢安病逝之后，有关他的封赠、礼仪在朝廷百官中存在着不同意见，只有王献之、徐邈共赞谢安对朝廷有忠心与他所建立的功勋。

王献之上疏道："故太傅臣安少振玄风，道誉洋溢。弱冠遐栖，则契齐箕皓；应运释褐，而王猷允塞。及至载宣威灵，强猾消殄。功勋既融，投韦高让。且服事先帝，眷隆布衣。陛下践阼，阳秋尚富，尽心竭智以辅圣明。考其潜跃始终，事情缱绻，实大晋之俊辅，义笃于曩臣矣。伏惟陛下留心宗臣，澄神于省察。"

大意是说："已故的太傅谢安年少的时候谈玄说道，备受称颂。年轻的时候隐居在山林之中，高雅的名望可比商周箕子与秦末四皓；后来出山做官，使天下王法公平得当。及至他借朝廷声威歼灭奸猾强暴之敌，建立不朽的功勋之后，又主动交出权柄辞让高位。而且服侍先帝，亲密无间如同布衣之交。陛下继位之初，正值年轻，而谢安尽心竭力辅助陛下。考察谢安隐居到出仕的一生，事情繁多，情况复杂，但谢安堪称大晋一代贤相，比从前的辅弼大臣仁义忠心。请陛下明察。"

言辞恳切，表明了谢安对待东晋王朝的忠心，以及他生前为东晋王朝所作的贡献。孝武帝看到后，很是感动。于是，孝武帝念谢安生前是朝中首辅，并为国家做了很多贡献，所以，以隆重的礼仪封赠谢安。葬礼由朝廷出钱主办，孝武帝司马曜还赐了一副上好的大棺材，给他在梅岭选了一块宝地。

唐代的《元和郡县志》记载："谢安墓在县东南十里石子冈。"宋代的《景定建康志》中记载，"谢安墓在城南九里梅岭冈"，并对其无字碑成因还作了考证。历经了元明清，直到民国的《首都志》仍有记载：雨花台"东有岭冈"，"名人葬其间者，有谢安、韩熙载等"。

谢安下葬梅岭之后，随着东晋灭亡，谢氏家族的荣耀也褪色了。

第五章　戛然书断

第一节　英年早逝

王献之出任中书令一职，位至宰辅，达到了他人生仕途的顶峰。此外，在书法方面，王献之更是登峰造极，无人能及，在当时许多人的眼中，王献之的书法水平已在其父王羲之之上了。如此出神入化、被人称道的书法，仅仅说是得自家传，再加上自己的后天努力练习，已经不能满足一般人寻根溯源，以及一探究竟的好奇心了，人们还渴望窥探其中更加奇妙的法门诀窍，甚至连当朝天子孝武帝司马曜也想得知其中的精奥秘诀。

王献之觉得这是一件无法言传的事情，其中的秘诀也实在不欲人知，不愿从命，但是也不可违命，而且看样子，自己不答应，皇上也不会善罢甘休的。于是答应孝武帝司马曜自己一定好好总结一下呈现给皇上。

王献之挖空心思，左思右想，最后编造了一个“妙笔天授”的故事，写好后拿给孝武帝看，后人称之为《飞鸟帖》。这个帖子不但可以交差，而且能够满足人们相信神话、喜欢猎奇的心理。

《飞鸟帖》：“臣献之顿首言：今月十二日辰时，中使宣陛下睿旨，俯询字学之由，仍赐臣玉玺笺，令臣小楷亲疏以人。臣仰承帝命，密露天机，昧死有言，狂率待罪。臣年二十四，隐林下，有飞鸟，左手持纸，右手持笔，惠臣五百七十九字。臣未经一周，形势仿佛。其书文章不续，难以究识。后载周以兵寇充斥，道路修阻。乞食扬州市上，一老母姓沈字光姜，惠臣一餐。无以答其意，臣于匙面上作一‘夜’字，令便市债。近观者三，远观者二，未经数日，遂获千金。臣念父羲之字法为时第一，尝有白云先生《书诀》进于先帝御府，蒙眷奖过厚，锡予有加。而臣书画不逮臣父，益惭愧。所有书诀，谨别录一本，投进宸扆，伏乞机务燕闲，留神披览，不胜万幸。臣献之顿首。”

果然，孝武帝司马曜龙颜大悦，还重重赏赐了王献之。王献之编的这个故事不仅让孝武帝深信不疑，而且日后也迷惑了不少人，就连唐代的书法家虞世南都信以为真，他曾经写道：“羲之于山阴写《黄庭经》，感三台神降；其子献之于会稽山见一异人，披云而下，左手持纸，右手持笔，以遗献之。”

当然，也有明白人就当它是一个玩笑罢了，一听而过，一笑置之，如孙过庭在《书谱》中就根本不相信王献之遇到神仙的事，还告诫人们“以斯成学，孰愈而墙”。

王献之本身对于高官厚禄并不感兴趣，他在中书令的职位上干的时间并不长，在忙完好友谢安的丧事之后不久，自己就患病了，而且他的病情日益加重，身体一天比一天差，他自己也知道可能时日无多了。

王献之躺在病床上多日，想要坐起来，拿起笔写几个字，可是感觉心有余而力不足，费了好大的力气，都没有挣扎着坐起来。他闭上眼，忍不住想想这一生，出身高门，幼承母爱父教，少年成名，结缘郗姐，在谢公身边挥洒性情……最让自己得意的，一是终生精神自由，活得自然、本色，对得起人生，对得起良心；二是书法爱好与追求得到极大满足，创造才华充分释放，超越前人，品尝到一览众山小的独门快乐。这是凡俗者所体味不到的最大享受。

太元十一年（公元 386 年），王献之辞世。他就这样悄无声息地去了，书法界也损失了一颗巨星。毋庸置疑，他留下的书法财富是无比珍贵的。虽然王献之传至后世的书帖与其父亲王羲之相比并不算多，但是却与其父王羲之有一点很相似，那就是这些传世的书帖中有不少是讲自己病痛缠身的，晚年的时候尤甚。

“忽动小行多，昼夜十三四起，所去多，又风不差，脚更肿。转欲书疏，自不可已，惟绝叹于人理耳。”（《忽动帖》）

“日寒凉，得告，承诸恶复炙极，尝惨痛悲灼，仆病正自不差，疾久自目深悲企甚积。既惨塞居疾，系以罪黜二三不出职门。近疑所叙，似不，益企恨，秋牵借请有人，当复叙耳。”（《中秋帖》）

“献之白，奉承问，近雪寒，患面疼肿，脚中更急痛，兼少下。”“廿九日献之白。昨遂不奉恨深。体中复何如？弟甚顿。”（《廿九日帖》）

其实，据史学家考证，关于王献之去世时候的年龄，史料记载上有两种说法。一种说法是王献之于太元十一年去世，另一种说法是去世于太元十三年。

据史料记载道："献之以太元十三年卒，年四十五。"王献之是太元十三年（公元 388 年）去世的，时年 45 岁。

但是陶弘景在《真诰·阐幽微注》记载道："羲之卒时，献之年十七八。"父亲王羲之卒于升平五年，也就是公元 361 年，往上推 18 年，为建元二年（公元 344 年），王献之出生。由此下延 43 年，正是太元十一年（公元 386 年），王献之去世。

虞世南在《北堂书钞》卷五七中记载："太元十一年，中书令王献之卒，赠太常。以侍中王珉代之，皆一时之美也。"

宋代的陈思也在《书小史》有相关记载："子敬为中书令，太元十一年卒于官，年四十三。族弟王珉代居之……时谓子敬为'大令'，王珉为'小令'。"

后三条材料均记载，子敬卒于太元十一年，时年 43 岁。可见，这种说法可信度较高。

王献之死后，朝廷按中书令的品秩给予谥封。时隔 11 年，公元 397 年，他与新安公主的女儿神爱被立为晋安帝司马德宗的皇后。于是，朝廷又追赠王献之为侍中、特进、光禄大夫、太宰，谥曰"宪"。

第二节　意连笔断

王献之虽然辞世了，但是他留下的书法作品永垂不朽，对后世的影响也极为深远。其中，最著名的、最具有代表性的就要属《洛神赋十三行》《中秋帖》和《鸭头丸帖》了。

《洛神赋十三行》是王献之传世的小楷名作。《洛神赋》乃三国时期的著名文学家曹植所作的散文名篇，此赋虚构了曹植自己与洛神的邂逅，以及彼此间的思慕爱恋，洛神形象美丽绝伦，人神之恋更是缥缈迷离，但由于人神道殊所以不能结合，作者最后抒发了无限的悲伤怅惘之情。

王献之十分喜欢这篇文章，所以经常书写此赋，但是迄今为止，仅留传了从“嬉”字至“飞”字共十三行，计二百五十余字的篇幅。据说，其墨迹在宋代有两本，即晋麻笺本和唐硬黄纸本。其中的唐硬黄纸本有唐代书家柳公权的题跋，至元代的赵孟頫则认为是唐摹本，也有人认为是柳公权的摹本。此本初为北宋周越所得，误以为是原迹摹刻，流传于世，后有南宋越州石氏掺入右军笔意的翻刻本。

《宣和书谱》中记载，麻笺本北宋时入内府，后二墨本均逸失而不知下落，仅存刻本传世，但因辗转翻刻较滥，所以已经无法观看赏析了。南宋的时候，权相贾似道先觅得麻笺本九行，后又得四行，合为十三行，刻于苍色石上，美其名曰“碧玉”，故该本被称为“碧玉版本”，又称《玉版十三行》。

《洛神赋十三行》之所以被后人视为珍宝，主要是它所具有的艺术美价值，其美学特征主要有以下四点：

首先是用笔。用笔特征是外拓，在挥运之中敛放自如，敛中有放，劲美健朗，奕奕动人，而给人以清爽健利、优雅秀逸的美感。从线条的角度来看，其均匀纤细的点画里蕴含着极强的质感，雅逸秀丽、不臃不滑，后人评其“精丽绝伦”，实为不过。其生动自然、轻松优雅，具有爽利劲健的美学特征。

其次是结体。《洛神赋十三行》的结字主要有两大特点：一是宽绰舒展、典雅大方。二是灵动多变、随形布势、大小错落。

再次是章法。其突出的特点就是错落有致，气势完整，松紧自如。

最后是神韵。有一种“丰神疏逸、姿致萧朗”的韵致美。

《中秋帖》，又称《十二月帖》，是王献之草书“一笔书”的代表作品。曾为北宋时期著名的诗人、书画家米芾所收藏。《中秋帖》首先由行书起，迅即转为草书，倾泻流畅，一笔连写数字而不断，体势连绵牵绕近于狂草。

《鸭头丸帖》是王献之写在绢上的一件优秀草书作品，用笔开拓跌宕，情驰神纵，流美清秀，无一点尘俗之气。这也是王献之书法作品中唯一的传世真迹。《鸭头丸帖》全帖用墨枯润有致，蘸墨两次，一次一句，墨色都由润而枯，由浓而淡，墨色分明，从而展现出全帖的节奏起伏和气韵自然变化。

附录：人物大事年表

西晋惠帝太安二年（公元 303 年）

八王之乱，成都王司马颖、河间王司马颙举兵讨伐太尉、长沙王司马乂。

晋惠帝逃出洛阳。陆机、陆云为成都王司马颖所杀，陆机有《平复帖》传世。

王羲之此年生于琅邪郡临沂县（现为临沂市）。

王羲之的父亲王旷任济阳内史，叔父王廙任东海王府参军，伯父王导任琅邪王府安东司马，王敦任青州刺史。

惠帝永安元年（公元 304 年）

匈奴人刘渊称大单于，建汉国（后来的前赵），称汉王。

李雄称成都王。

惠帝永兴二年（公元 305 年）

王羲之父王旷，原为丹阳太守（治所在南京），在此年十二月右将军陈敏反晋攻秣陵时，弃官而逃。

永兴三年（公元 306 年）

东海王越入洛阳先后杀七王，历时十六年的八王之乱结束。

十一月晋惠帝被毒杀，司马炽即位，为晋怀帝。

王雄称帝，国号为大成。

怀帝永嘉元年（公元 307 年）

琅邪王司马睿与王旷、王导、王敦合谋“建江左之策”。王羲之随“永嘉南渡”队伍离开琅邪，抵达建邺，并在父亲王旷的指导下练习书法。

王导携钟繇《尚书宣示表》过江，后来传给王羲之。

永嘉二年（公元 308 年）

刘渊称汉帝，第二年迁都平阳（今山西临汾西南），集中兵力进攻洛阳。

王旷出任淮南内史，离家北上。

王廙奉母、携弟王彬弃官渡江投奔司马睿，任安东司马。

王彬任扬州刺史刘机建武的长史。

永嘉三年（公元 309 年）

王羲之父淮南内史王旷、将军施融、曹超与刘聪交战，曹超、施融阵亡，战败于长平。王廙为庐江太守。从此王旷的行踪史无记载，后人有多种猜测。

王羲之此年开始学习书法，卫铄成为他的启蒙老师。

永嘉四年（公元 310 年）

王敦奔建邺琅邪王司马睿处。司马睿任命王敦为安东军谘祭酒。

汉主刘渊卒，于是刘和继位，随后刘聪杀刘和，自立为帝。

永嘉五年（公元 311 年）

六月，汉赵刘曜等攻陷洛阳，俘虏晋怀帝司马炽并将其押送至平阳，杀晋官，掘诸陵。

中原士族南迁，十二月镇军长史周顗投奔琅邪王司马睿，并见王导。

永嘉六年（公元 312 年）

过江的士族名流王导、周颛等在新亭一同饮宴。

永嘉七年（公元 313 年）

晋怀帝司马炽被汉主刘聪杀害。太子司马邺在长安继位，为晋愍帝。任命琅邪王司马睿为左丞相。为避司马邺的名讳，八月，改建邺为建康。

愍帝建兴二年（公元 314 年）

王羲之发现了“枕中秘”——在父亲枕中发现了蔡邕的《笔论》，于是书法技艺大有进步。卫夫人看到他的书法说：“此儿必见用笔诀也，妾近见其书，便有老成之智。”

建兴三年（公元 315 年）

王羲之随王导拜访礼部尚书周颛。周颛“察而异之”，将贵重的牛心炙首先给王羲之。由此便声名鹊起，并与王悦、王应并称“王氏三少”。

建兴四年（公元 316 年）

十一月，刘曜进兵关中，攻陷长安，晋愍帝投降前赵，被押解至平阳，至此西晋灭亡。

东晋元帝建武元年（公元 317 年）

三月，司马睿在建康即晋王位，改年号为建武，史称东晋。

十二月，晋愍帝被刘聪所杀。

建武二年（公元 318 年）

三月，晋王司马睿称帝，为东晋元帝，改年号为大兴。

加封王导为骠骑将军，王敦为江州牧。王廙为辅国将军，散骑常侍，并调回建康。王羲之深为伯父王导、王敦所器重，王敦曰：“汝是吾家佳子弟，当不减阮主簿。”阮主簿就是阮裕，当时阮裕为王敦的主簿。

王羲之学习书画。

大兴二年（公元 319 年）

六月，汉主刘曜迁都长安，改国号为赵（史称前赵）。

冬，石勒称大将军、赵王（史称后赵）。

大兴三年（公元 320 年）

祖逖大胜后赵的军队，收复了雍丘（今河北杞县），黄河以南归东晋。

谢安、郗昙、司马昱都生于此年。

大兴四年（公元 321 年）

祖逖因为北伐无望，忧郁病发，最终卒于雍州。

永昌元年（公元 322 年）

正月，王敦在南昌举兵东下，攻入建康。

王导率宗族内包括王羲之在内的二十余人，“每旦诣台待罪”。

王敦攻入石头城杀周顗、戴渊、刁协等人，刘隗投奔后赵。

元帝卒，太子司马绍继位，为晋明帝。王导辅政。

王廙卒。

明帝太宁元年（公元 323 年）

王导为司徒，郗鉴为尚书令。

郗鉴向王导求婿，王导令前来的门生随意挑选，当时正在东床吃胡饼的王羲之被选中，并留下了“坦腹东床”的佳话。

太宁二年（公元 324 年）

六月，王敦再次起兵攻建康，大败。王导、郗鉴等弹劾王敦。

七月，王敦病逝。

王彬、王籍之遭到牵连，但得到了晋明帝的赦免。

太宁三年（公元 325 年）

明帝卒，王羲之为之写下“入木三分”的祝版。

五岁的太子司马衍继位，为晋成帝。庾氏太后（庾亮妹）临朝听政。

王羲之出仕，“起家秘书郎”在此年前后。

成帝咸和元年（公元 326 年）

初，王导辅政，以宽和得众。及庾亮用事，任法裁物，颇失人心。

冬，十月，立成帝母后的弟弟庾岳为吴王。

咸和二年（公元 327 年）

十一月，苏峻、祖约以讨庾亮为名反晋。

十二月，徙封琅邪王司马昱为会稽王。

咸和三年（公元 328 年）

王羲之为会稽王司马昱的侍从，职位是会稽王友。

二月，苏峻攻陷建康。

五月，苏峻迁帝于石头城。陶侃、温峤、庾亮等讨伐苏峻。

九月，苏峻战死。

咸和四年（公元 329 年）

诸军破石头城，杀苏峻弟苏逸。苏峻之乱平定。祖约投奔石勒。

石勒取长安，前赵灭亡。

上司江州刺史刘胤暴虐，为部下所杀。

咸和五年（公元 330 年）

石勒称皇帝，杀祖约。

王坦之出生。

王羲之常入深山，师法自然，研习书艺。

咸和六年（公元 331 年）

后赵的兵队侵犯武进、安县（今江苏太仓），被郗鉴击退。

咸和七年（公元 332 年）

王羲之由会稽王友，改授临川太守。

晋襄阳再次被后赵的大军攻陷。

咸和八年（公元 333 年）

七月，石勒卒，子石弘登基，石虎自为丞相。

咸和九年（公元 334 年）

庾亮进号征西将军，都督六州诸军事，领江、豫、荆三州史。

王羲之应征西将军庾亮召请，赴武昌，任参军，累迁长史。

石虎自立为天王。陶侃病故。

咸康元年（公元 335 年）

晋大旱，会稽出现人食人现象。

咸康二年（公元 336 年）

王羲之叔父、尚杅仆射王彬卒。

王羲之赴建康助王彪之等料理丧事。其间与伯父王导、郗鉴多有沟通，使王导与庾亮的矛盾得到缓冲。

咸康三年（公元 337 年）

王羲之于吴兴为官在此年前后，慕容皝称燕王，史称前燕。

咸康四年（公元 338 年）

王导为太傅，后为丞相，郗鉴为太尉，庾亮为司空。

庾亮与郗鉴写信，准备起兵废王导，但因为郗鉴反对，最终事未成。

咸康五年（公元 339 年）

七月，王导卒。

八月，郗鉴卒。

庾亮北伐受挫，忧慨发病。

咸康六年（公元 340 年）

正月，庾亮卒。庾亮临终前“上疏称羲之清贵有鉴裁。迁宁远将军、江州刺史”。

咸康七年（公元 341 年）

王羲之卸任江州刺史，归隐山林，职位由王允之接任。

王羲之《敬伦帖》书于此年。

王羲之叔王彬之子王兴之《王兴之墓志》书于此年。此墓志于 1965 年 1 月于南京出土，并引发了关于《兰亭序》真伪的笔战。

咸康八年（公元 342 年）

晋成帝卒，晋康帝继位。庾冰、司马昱辅政。

“王羲之少有美誉，朝廷公卿皆爱其才器，频召为侍中、吏部尚书，皆不就。”

王允之卒。

康帝建元元年（公元 343 年）

七月，庾翼（字稚恭）准备北伐。

王羲之有《稚恭进镇帖》，赞赏庾翼北伐主张。帖称：“伏想朝廷清和，稚恭遂进镇，东西齐举，想克定有期。”

建元二年（公元 344 年）

康帝卒，子聃继位，是为穆帝，年仅两岁，褚太后临朝称制。

庾冰卒。

王献之生，字子敬，乳名官奴。

穆帝永和元年（公元 345 年）

庾翼卒。

《颜谦妇刘氏墓志》刻于此年。

永和二年（公元 346 年）

会稽王司马昱辅政，殷浩为建武将军、扬州刺史，桓温出兵攻蜀。

王羲之与谢安同登冶城，有一段著名的对话。

永和三年（公元 347 年）

桓温攻克成都，李势降，成汉亡。

王羲之好友周抚留为益州刺史。

会稽王司马昱为抗衡桓温招引殷浩参朝政。

永和四年（公元 348 年）

殷浩写“遗羲之书”，劝使应护军将军之命。王羲之就职。王羲之为护军将军。《答殷浩书》《严君平帖》《谯周有孙帖》都书于此年。

桓温加征西大将军。

《王兴之妇墓志》即《王兴之墓志》的另一面刻于此年。

王羲之教王献之习字，书写《乐毅论》以为法帖。卫夫人阅王献之习字后，书写《大雅吟》赠之。

永和五年（公元 349 年）

也有人认为王羲之与谢安共登冶城在此年。

后赵的石虎称帝。

卫夫人卒，享年七十八岁。

王羲之整顿护军府，发布《临护军教》。

王羲之《司州供给帖》《司州疾笃帖》《太常司州帖》书于此年。

永和六年（公元 350 年）

王羲之苦求于出守宣城郡，未获朝廷准许。

中原大乱，司马昱、殷浩与桓温不协，欲北伐争功。王羲之与浩书劝和。

永和七年（公元 351 年）

王师占据中原，进屯洛阳。王羲之抓住时机，北游观碑，眼界大开，书风为之一变。会稽内史王述丧母，去职守制。王羲之为右军将军、会稽内史。

王献之从父学习书法，王羲之密从后掣其笔不得，叹曰："此儿后当复有大名。"

王羲之《辞郡帖》《恭命帖》《此郡帖》等书于此年前后。

永和八年（公元 352 年）

会稽郡积弊甚深，又遭天灾。王羲之除害兴利，改善民生，帮助百姓度过荒年。

王羲之劝阻殷浩北伐，未能奏效。有《与会稽王笺》《遗殷浩书》，劝慎重北伐，修理内政。

王羲之荐孙绰为右军长史。

王羲之认为自己在书法上"比钟繇当抗行，比张芝草犹当雁行"。

永和九年（公元 353 年）

殷浩不听王羲之劝告再次北伐，结果大败。

农历三月初三，王羲之与孙绰、谢安、郗昙、王献之等共计四十二人，在山阴之兰亭修祓禊，大家饮酒赋诗。王羲之为诗集作序，这就是著名的被誉为"天下第一行书"的《兰亭集序》。

殷浩在山桑为叛将姚襄所袭，大败。

永和十年（公元 354 年）

东土饥荒，王羲之开仓赈贷并致书谢尚，建议朝廷革除弊政。

桓温以殷浩失败为由，上疏废浩为庶人。王述代殷浩为扬州刺史，检视会稽政事，为难羲之。王羲之轻视王述，耻为其下，“遣使诣朝廷，求分会稽为越州。行人失辞，人为时贤所笑”。

王羲之书写《运民帖》。

殷浩被贬为庶人，桓温独揽大权。

七月桓温自江陵北伐，修复诸陵。

永和十一年（公元355年）

王羲之称病去郡，三月告誓于父母墓前。从此归隐，尽山水之游，弋钓为娱。

与周抚《今在田里帖》《来禽帖》《吾前东帖》等，书于此年前后。

永和十二年（公元356年）

桓温第二次北伐，克复西晋旧都洛阳。

王羲之书有《旧京帖》《丧乱帖》《破羌帖》等。

王羲之写就《东方朔画赞》和《黄庭经》两幅名帖。

升平元年（公元357年）

王羲之辞官后，与谢安、许迈、许询、支遁等，遍游东中诸郡，尽山水之乐。

王羲之与道士许迈交往甚密，共修服食，采药不远千里，游名山，泛沧海。

王羲之书《旦夕帖》在此年。

谢尚卒。王修卒。钟繇《宣示表》随葬。

升平二年（公元358年）

王献之劝其父王羲之改体。

谢奕去世，晋会稽王司马昱任谢万为西中郎将、豫州刺史，都督、豫、冀、并四州诸军事，王羲之书《与桓温笺》《昨得熙书帖》《贤室委顿帖》《群从凋落将尽帖》等。

王羲之《与桓温笺》指出谢万无军事才能，不堪重用。后又致书谢万，王羲之撰《诫谢万书》，劝其与士卒同甘共苦，谢万没有采纳。

升平三年（公元 359 年）

王羲之携全家迁居剡中金庭。

谢万、郗昙攻燕，大败，被废为庶人。谢万致书王羲之云：“惭负宿愿。”王羲之答书“此禹汤之诫”，劝其释怀振作。与刘惔商议推谢安出山，谢安应召，后人称为“东山再起”。

升平四年（公元 360 年）

谢安从兄谢尚逝世，弟谢万被废。谢安为谢氏家族始出仕，官为桓温征西司马。

王献之迎娶表姐、郗昙之女郗道茂。

王羲之《谢司马帖》书于此年。

升平五年（公元 361 年）

穆帝卒，成帝长子司马丕继位，为晋哀帝。

王羲之致周抚《登汶岭帖》《年垂百顺帖》书于此年。

郗昙卒。

王献之小女玉润夭折。

王羲之卒。朝廷赠金紫光禄大夫，诸子遵父嘱不受。

东晋哀帝隆和元年（公元 362 年）

二月，燕派吕护攻洛阳，桓温派兵前救。

七月，吕护阵亡，燕退兵。

哀帝兴宁元年（公元 363 年）

桓温以征西迁大司马，郗超为参军、王珣为主簿。

王献之兄王徽之为桓温参军。

兴宁二年（公元 364 年）

桓温以征西将军、大司马、侍中之职掌管扬州牧。

葛洪卒。

王献之服丧期满，首度出仕，任州主簿。不久转秘书郎。

兴宁三年（公元 365 年）

王献之迁秘书丞。于朝中得“风流为一时之冠”美誉。

二月，哀帝卒，其弟司马奕继位，为晋废帝。

王彪之为尚书仆射。

益州刺史周抚卒。

太和元年（公元 366 年）

参加过兰亭聚会、王羲之的好友著名僧人支遁（字道林）卒。

太和二年（公元 367 年）

王献之迁为州主簿。

太和三年（公元 368 年）

尚书令、卫将军王述卒。

太和四年（公元 369 年）

桓温攻燕初胜，燕求救于秦，后桓温大败，秦王攻洛阳。

太和五年（公元 370 年）

正月秦王攻入洛阳，前燕亡。

王献之的远房外甥、书法传人羊欣出生。

简文帝咸安元年（公元 371 年）

桓温废帝司马奕为海西公，会稽王司马昱即位，为简文帝。

桓温杀殷浩之子殷涓、庾倩、庾蕴、庾柔等。

王献之与简文帝书十纸，题曰：“下官此书甚合作，愿聊存之。”

咸安二年（公元 372 年）

简文帝卒，太子司马曜继位，为孝武帝。

王献之选尚新安愍公主司马道福，与原配郗氏离婚。

王献之尝经吴郡，直驱顾辟强名园。

王献之入谢安府任长史。

孝武帝宁康元年（公元 373 年）

桓温卒。

宁康二年（公元 374 年）

王献之《卫军帖》书于此年。

宁康三年（公元 375 年）

五月，王坦之卒，临终致书谢安，仍为国担忧。

太元元年（公元 376 年）

王献之《奉对帖》书于此年。

太元二年（公元 377 年）

王彪之、孙绰、郗超皆卒于此年。

王献之《授衣帖》书于此年。

太元三年（公元 378 年）

七月，太极殿落成，谢安请王献之题榜，遭王献之拒绝。

太元四年（公元 379 年）

二月，前秦攻陷襄阳。

五月，攻陷盱眙。

六月，晋军收复盱眙、淮阴。

太元五年（公元 380 年）

谢安为卫将军。王献之继续任卫将军府长史。

王肃之为骠骑府谘议。

太元六年（公元 381 年）

王献之出京，任职建威将军、吴兴太守。

王献之过乌程令羊不疑处，在其子羊欣衣裙上书字。当时羊欣十二岁，从此为王献之书法传人。

太元七年（公元 382 年）

十月，前秦苻坚会众臣商讨攻晋事宜。

太元八年（公元 383 年）

八月，前秦苻坚率兵近百万自长安南下攻晋。十月，淝水之战，晋兵以少胜多获大胜。谢安临危不惧，潇洒自若，传为美谈。

朝廷召王献之入朝任尚书令，坚辞未就。

太元九年（公元 384 年）

谢安进为太保。王献之之女王神爱生。

太元十年（公元 385 年）

王献之回京出任中书令。

谢安卒，对其赠礼有异议，司马道子等对谢安丧仪礼薄，王献之、徐邈上疏，陈述谢安的忠心与功勋，孝武帝遂加殊礼。

太元十一年（公元 386 年）

王献之《地黄汤帖》书于此年。

王献之卒，卒前，家人为其上章首过，问其有何过失。对曰："不觉馀事，惟忆与郗家离婚。"无子，以王操之之子静之（一作靖之）为嗣。

隆安元年（公元 397 年）

王献之女神爱于公元 396 年为太子司马德宗妃。司马德宗继大统为晋安帝，神爱受封安僖皇后。王献之以皇后父，追赠侍中、特进、光禄大夫、太宰，谥曰"宪"。